黄金律习字法专利丛书

专利号：ZL201230238242.6，ZL201530127691.7，ZL201730150026.9

根据教育部《中小学书法教育指导纲要》撰写

楷书黄金律

柳体练习指导

高光天 著

文物出版社

图书在版编目（CIP）数据

楷书黄金律柳体练习指导／高光天著. —北京：

文物出版社，2019.1

ISBN 978 – 7 – 5010 – 5815 – 0

Ⅰ．①楷…　Ⅱ．①高…　Ⅲ．①楷书 – 书法 – 中小学 –

教学参考资料　Ⅳ．①G634.955.3

中国版本图书馆 CIP 数据核字（2018）第 252914 号

楷书黄金律柳体练习指导

著　　者：高光天

书名题签：苏士澍

责任编辑：陈博洋
封面设计：王文娴
责任印制：苏　林

出版发行：文物出版社
地　　址：北京市东直门内北小街2号楼
邮　　编：100007
网　　址：http://www.wenwu.com
邮　　箱：web@wenwu.com
经　　销：新华书店
印　　刷：北京京都六环印刷厂
开　　本：889mm×1194mm　1/16
印　　张：9.5
版　　次：2019年1月第1版
印　　次：2019年1月第1次印刷
书　　号：ISBN 978 – 7 – 5010 – 5815 – 0
定　　价：38.00元

序　一

邓宝剑

　　高光天先生是曾经从事三十多年物理学研究的科学家，他从中国科学院退休之后，潜心钻研书法理论，对楷书结字的研究尤为勤深，取得了令人称叹的成果。高先生进行这项工作，受启于启功先生所阐发的书法结构之"黄金分割率"。因此，我想先谈谈对启功先生结字理论的粗浅理解，再谈谈高先生在楷书结字研究方面的贡献。

一、启功先生的结字理论

　　在笔法与结字两个方面，启功先生认为结字是首要的问题。启功先生对于结字的探讨，一方面基于自身的书法创作体验，一方面借助坐标方格进行实测。启功先生在多个场合讲述了结构的三个要点。

　　第一，字格中有四个聚点。"聚点"，启功先生又称之为"重点""重心"。通过观察各个笔画及其延长线，启功先生发现这些笔画和延长线最为经常地通过四个点，或者这四个点临近的区域。每个点和格子一条边的距离与另一条边的距离的比率恰好是 5∶8，即黄金分割率，如下图所示：

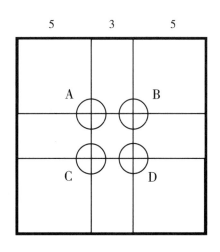

从实测的角度看，在字格中所有的点中，笔画及其延长线通过这四个聚点的概率最大。从书写的角度看，行笔的时候要多注意这四个点，而不是格子的中心。笔者对此殊乏体验，若勉强作些知解，大概这四个点就像是一座城市中的四个交通枢纽，车辆通过的机会最多，而书法家就像驾驶员，要多注意这四个交通枢纽，而不是城市的中心。

这四个点显然不同于"中心"，这一点启功先生特别指出过。另外，这四个点虽然也被称为"重心"，但与通常意味上的重心并不相同，因为一个物体的重心只有一处，而不能有四处，字的重心也不例外。相比于"重心""重点"的称谓，"聚点"显然更准确些。

第二，先紧后松，先小后大。字的形状，从松紧的角度看，常常是左紧右松、上紧下松；从大小的角度看，常常是左小右大。松和紧，说的是字形内部的疏密安排，比如"三"字一般写作上紧下松，"川"字一般写作左紧右松；小和大，说的是字形内部的大小对比以及字形的外轮廓态势，比如"上"字多呈"◢"势。松紧、大小的变化，和书写时的顺序密切相关。写一个字，一般是先左后右、先上后下，所以才形成左紧右松、左小右大等现象。另如"彡"，虽是左松右紧，似乎和前面所说的左紧右松不符，但是仍然符合先紧后松的规则。看来，先后的变化是根本性的，而左右、上下的变化只是先后变化的不同表现而已。由于紧、小皆可谓收，松、大皆可谓放，所以先紧后松、先小后大，或可一言以蔽之为"先收后放"。

第三，没有真正的横平竖直。平与斜相对，说的是点画的置向。直与弯相对，说的是点画的轨迹。在启功先生看来，横画既不平又不直，换句话说就是既斜又弯。竖画亦不直，而呈弯曲状。启功先生强调了竖画轨迹的弯曲，而没有讨论竖画的置向问题。事实上，古帖中的竖画亦不尽垂直，多有向左向右倾侧之势。

启功先生的结字理论无疑是非常有价值的。各家各派的书法千差万别，而黄金分割、先收后放、横不平竖不直之说，旨在揭示结字的通规。出于书写姿势变迁、风格取向互异等原因，这些规则未必适用于所有的字形，但依然具有相当广泛的概括性。另外，对于以奇为尚的书法家而言，这些规则也提供了有益的参照，因为看见规则才能更好地突破规则。

二、高光天先生在结字研究方面的贡献

高光天先生在科学视野下进行的楷书结字研究令人耳目一新，我由于自身的知识结构所限，很难概括他的研究所得，姑举几点体会吧。

高先生在启功先生结字理论的启发之下，拓展了楷书结字的问题域，并给出了令人

信服的解答。正如前文所说，启功先生所说的四个"聚点"并非字的重心，那么重心究竟在何处？高先生根据物理学原理设计了独特的算法，可以在计算机上精确地计算出每个字的重心。通过考察楷体 GB2312 电脑字库、唐代经典楷书碑刻中的字形乃至行书《兰亭序》，他发现这些字的重心都处在以启功先生所说的四个"聚点"为顶点的小正方形之中。这样一来，"聚点"的问题和"重心"的问题都得到了解决，令人感到奇妙的是，这两个问题的答案都和黄金分割率有关。

高先生还将启功先生画出的黄金分割图制作成一种习字格——"黄金格"。黄金格与传统的田字格、米字格、九宫格不同，这些习字格更多地起到坐标定位的作用，而黄金格更像是穿在字上的衣服，能够贴切地显示字形左紧右松、上紧下松的比例关系。而且，启功先生所说的前两点（黄金分割和先收后放）在黄金格中也得到了关联。将黄金格用于习字，或许并非高先生的首创，但是高先生对于黄金格的推广，是在综合研究历史上各类习字格的基础上进行的。他提炼出习字格的五项功能，这五项功能也是评价习字格的五项标准，这些观点皆可谓发前人所未发。

除了得益于启功先生的结字理论，高先生还深入考察了历代的结字理论，从中汲取丰富的营养。尤为可贵的是，他能不囿于前人之说，将前人的成果纳入一个自出机杼的系统。

高先生的楷书结字研究凝聚了他十年的心血，在这个过程中，他不耻下问，和我有很多讨论和交流，我的粗浅心得也有幸被高先生引用到书中。我在一篇名为《字形的外部轮廓与内部关系》的论文中，列举了字形轮廓的几种模式以及字形内部的 6 种关系。高先生肯定了我从外部轮廓和内部关系两个层面探讨结构问题的思路，并对这两个问题展开了进一步的研究。高先生将历代书论中涉及的各种结字法条目归纳为 96 种，并将这 96 种结字法条目和我提出的 6 种造型关系建立了双向联系，发现两者可以相互解释。在高先生的书中，96 种结字法条目的英文缩写为 G96，6 种造型关系的英文缩写为 R6。高先生说，这项工作的意义在于"用 R6 概括 G96，使 G96 变得简单而不复杂；用 G96 解释 R6，使 R6 变得具体而不抽象"。看到这样的工作成果，我既对自己的浅见有进一步的价值感到高兴，又对高先生充满感激和钦佩。

作为一位科学老人，高先生壮心不已，把一生积累的科学素养用于解析书法艺术，并且将书法研究视为人生乐事。我在这位学术前辈的身上感受到极为可贵的品质：热情、缜密、谦逊。学术研究对于他而言，就像是孩子手中的游戏，每有所得，欢欣鼓舞，并且总是充满喜悦地与人分享。他的研究展示了科学家的缜密思维，从宏观到微观，无不井然有序。他也总是谦逊地听取别人的意见，力求真谛，从不固执己见。

在讨论中，我曾提出一点建议，高先生表示同意并愿意为此努力。我的建议是，将结字法的研究成果编排成以典范字例为呈现方式的字帖，力求活泼生动，这样会对习字者产生直接的益处，因为书法学习的根本途径是临摹经典碑帖。就像营养学的著作虽然有着独立的价值，然而要想增进人体的营养，还需做出营养餐来。高先生在深入地钻研结字法，也在切实地致力于将结字研究的成果转化为有益于习字的范本。祝贺高先生的《黄金律习字法》系列著作的陆续出版——《楷书之美——科学视野下的结构原理》（北京师范大学出版社）、《楷书黄金律颜体练习指导》、《楷书黄金律欧体练习指导》和《楷书黄金律柳体练习指导》（文物出版社）。我乐于分享他的喜悦，也期待读者从中获取丰富的营养。

邓宝剑

北京师范大学书法系教授

博士生导师

序 二

邹广田

　　我非常高兴为此书写序，因为著者高光天曾是我的学生。他用文理交融的思路研究书法艺术，在科学与艺术相互融合的道路上取得了可喜成绩。作为老师和朋友，我自然非常高兴，也愿意向大家介绍他和他取得的成绩。

　　众所周知，文理交融是当今艺术发展的大趋势，从 20 世纪 20 年代北京大学前校长蔡元培先生开始倡导"融通文理"，到世界著名物理学家李政道、杨振宁教授和当代著名学者季羡林先生等许多学界泰斗和有识之士都倡导"艺术与科学"的结合。然而，科学与艺术毕竟是两种不同的学问，有不同的研究对象、不同的思维模式和不同的研究方法。要使两者相互借鉴，相互融合，绝非易事。高光天作为一位中国科学院退休的科学工作者，凭借他三十多年科学研究的深厚积累和自幼喜爱书法的个人爱好，萌生了从现代科学技术的角度探索古老书法艺术的奥秘的想法。经过多年深入研究，他对书法艺术提出了独特见解："书法是一门艺术，也蕴含着科学，它不仅包含着如何书写的技法及其规则，也蕴藏着诠释为什么这样做的道理以及揭示其中奥秘的规律。"他进而提出"书法科学"的概念，并开始实施他的"书法艺术科学解析研究计划"。通过九年多的努力，他获取了七项国家书法专利证书，并解决了一些书法艺术中的科学问题：

　　（1）将物理学中形状任意和密度不均匀分布的二维平面物体的重心与汉字的重心联系起来，解决了书法艺术中具有任意字体、笔墨深浅任意变化的单个汉字的重心坐标计算问题。使人们对汉字重心认识突破了千年来的传统，从凭借经验和直觉的感性认识阶段，提升到定量计算的科学分析阶段。

　　（2）在系统研究古今习字格发展路线图基础上，运用否定之否定规律，科学分析了历史上各种习字格诞生的背景、原因和作用，以及后来被新生习字格所取代的原因，从中总结出习字格发展过程中不可或缺的五大基本功能（笔画定位线、笔形参照线、外形限制线、重心边界线、结构分界线），这对推广科学好用的黄金格是一种智慧选择。

1

（3）在对历代楷书结字法进行寻根求源的纵向研究方式基础上，采用科学中常用的"模型化"方法从多种角度抽象出楷书构型，是一种用广角镜头看书法世界的横向研究方式，比如间架构型、主笔构型、偏旁构型等八种构型，试图为满足广大读者的不同需求，提供一种轻松快乐的习字方法。

（4）运用视觉科学原理解释了许多书法现象，比如运用视觉重量和视觉心理学概念解释为什么"横画不平"，把左右"相并"的字（林）写成左紧右松，把上下"相重"的字（吕）写成上紧下松等问题；运用视觉错觉原理解决了如何纠正汉字大小错觉指导书法练习的问题等等，这些研究成果不但可以为学生解疑释惑，而且丰富了书法艺术的科学内涵。

（5）高光天率先提出了"书法科学"概念，并且一直努力构建书法科学原理体系，比如用理论力学"六个自由度"的概念科学解析了米芾"八面出锋"的笔法问题；用运筹学方法解决了王羲之《兰亭序》笔画、偏旁与其代表字之间的合理分配问题。总之，高光天从科学角度对书法艺术的研究方法和见解值得学界关注。

高光天虽已年过古稀，但在退休后的十余年中取得如此成绩，真是难能可贵，可喜可贺。他当年在吉林大学固体物理专业研究生班学习期间，就表现出刻苦钻研、一丝不苟的学习态度；他在中国科学院长春物理研究所做科研工作期间，取得了多项具有重要学术价值的成果，比如他完成的"表征颗粒分布的数学模型和粒度测量数据处理系统"曾获得全国发明金奖；他还花十年的时间主编了六本"模拟 IC 应用技术丛书"，已由科学出版社出版。更为重要的是，他一直将科学研究和追求"真、善、美"当作人生最大乐趣。这就是他退休后，壮心不已，执着地探索书法艺术的原因和动力。

祝贺高光天的黄金律习字法系列著作的出版，希望广大书法爱好者能从这套著作中受益，希望能为科学与艺术的相互融合提供借鉴，对推动中国书法艺术的发展起到积极作用。

邹广田

中国科学院院士

吉林大学超硬材料国家重点实验室教授

序 三

文师华

  2012 年 7 月，我到母校北师大参加第四届启功书法学国际研讨会，有幸认识中国科学院退休老科学家高光天老师。交谈之间，我感觉高老师是个性格开朗、有幽默感的长者，于是便与他开起玩笑，说他的姓名"高光天"三个字太宏大，高高在上，光耀天空，从名字就可以看出是个做大事的人。高老师很坦诚地说："我虽然从事一辈子科研，但自幼喜欢书法，退休后才有时间专心学习和思考书法艺术。"在会上，他提交了一篇题为《启功结字黄金律科学解析》的论文，该文运用自然科学研究方法，证明启功提出的楷书结字中的"黄金律"，角度新颖，论证严密，引起了与会专家的浓厚兴趣。而这篇文章自然就成了高老师迈向"楷书结构研究"领域的发轫之作。

  高老师自从退休后就一直在潜心研究书法理论，希望能用简单、实用的科学方法指导书法练习，帮助习字者在"照猫画虎"的临摹过程中解疑释惑，增添兴趣，陶冶情操。在研究过程中，他一有新的想法或发现某一问题，就给我发邮件，进行交流，让我分享。他说："我虽然在科学上略知一二，但在书法方面还是小学生。我花了九年时间研究书法理论，只不过是想把我的管窥之见，让世人分享，老有所乐而已。"可见他对书法艺术的兴趣与追求。

  随着研究工作的步步深入，他感到好像走进了广袤的森林，征程漫漫，步履艰难。然而"功夫不负有心人"，经过九年的努力和坚持，高老师终于褪去了冬天迎来了春天。2017 年春节过后，他十分兴奋地告诉我："在您和其他业界有识之士的帮助之下，我终于迎来了属于我的来之不易的书法春天！我的两本书稿——《楷书黄金律颜体练习指导》和《楷书之美科学视野下的结构原理》先后通过了文物出版社和北京师范大学出版社的选题论证会，他们同意出版了。"

  古语云："它山之石，可以攻玉。"我们应该看到，高老师立足于汉字书法结体的探讨，是对启功先生所提出的楷书结字黄金律的书法观点的进一步拓展和细化，是以自然科学之"刀"，解书法艺术之"牛"，在研究方法上别开生面，独树一帜。他的理论研究成果和应用价值，我的感觉可以概括为三个方面：

（1）为了验证启功结字黄金律，用科学的方法计算汉字重心。发现和证明汉字重心分布规律意义重大，使人们对汉字重心认识突破了千年来的传统，从凭借经验和直觉的感性认识阶段，提升到定量计算的科学分析阶段。这不仅具有认识汉字结构的学术意义，而且对于评价汉字结构，指导书法临摹，检验汉字、绘画重心平衡等也具有重要应用价值。

（2）受启功结字黄金律"三紧三松"原则的启发，在系统研究历代楷书结字方法的基础上，从方法、原则到原理建立了完整的楷书结字方法体系，特别是首次提出的轻重均衡原理（力学特性——不动之动）、疏密匀称原理（空间特性——不匀之匀）、形势相称原理（时间特性——不齐之齐）三大结字原理直接揭示了书法艺术效果的本质，对认识楷书结构，指导楷书教学都具有重要的学术价值和应用价值。

（3）从古今习字格发展路线分析中总结出习字格的五大功能（笔画定位线、笔形参照线、外形限制线、重心边界线、结构分界线），并且揭示了黄金格的结构分界线与汉字的结构分界线完全吻合的神奇特性，从而为书法教学选择黄金格提供了科学依据。应用黄金格，再结合教材中总结的多种楷书构型（主笔构型、间架构型、偏旁构型等）可以让初学者轻松快乐地掌握书法规律和练习方法。

总之，高老师从科学视角开展的书法结构研究使书法爱好者大开眼界、受益颇多，无疑具有很高的学术价值和应用价值。祝贺高老师的《黄金律习字法》系列著作的陆续出版——《楷书之美科学视野下的结构原理》（北京师范大学出版社）、《楷书黄金律颜体练习指导》、《楷书黄金律欧体练习指导》和《楷书黄金律柳体练习指导》（文物出版社），预祝取得良好的书法教学效果和广泛的社会关注。

文师华

博士

南昌大学中文系教授

江西省政府文史馆馆员

江西省政协委员

江西省楹联学会会长

中国书法家协会会员

目　录

0　习字格

　　习字格是临摹碑帖时使用的一种界格，是初学写字和练习书法的人不可或缺的辅助工具。从中国书法史上第一个习字格——相传唐代欧阳询发明的九宫格到元代陈绎曾发展的大九宫格，清代蒋骥创造的变九宫格，再从后来演变成今天袭用的田字格和米字格到当代人发明的四分格、五分格、回米格、回宫格、回方格、鸭蛋格、方圆格、八卦格等等，人们一直不断地创新。自从 20 世纪 90 年代以来，伴随中国的经济大发展、文化大繁荣，特别是 2013 年国家教育部颁发《中小学书法教育指导纲要》（以下简称《纲要》）之后，随着中国书法热的不断升温使习字格的发明热达到了历史上最辉煌的时期，创新的习字格多达上百种之多。因此，如何选择习字格，如何使用习字格成为书法教学的重要问题之一。

　　《纲要》明确指出，"在临写的初始阶段，要充分发挥习字格在读帖和临写过程中的重要作用，引导学生观察范字的笔画、部件位置和比例关系"，"借助习字格，较好地把握笔画之间、部件之间的位置关系，逐步做到笔画规范，结构匀称，端正美观"[18]。贯彻《纲要》的关键在于挖掘习字格的功能，以便解决选择习字格和利用习字格的问题。笔者在多年研究古今习字格发展路线的基础上[24]，提出习字格平衡原理和五项功能以及定中宫、定四角和定六停的读帖、临摹方法，简单介绍如下。

0.1　平衡原理

　　习字格与汉字结构是密不可分的，两者好像是"人体"和"衣服"之间的主从关系。为汉字设计习字格就像为人体设计衣服一样，应当"量体裁衣"。首先根据人的形体特征设计衣服，反过来通过设计得体的衣服才能展示人的形体特征，让人感受到形体之美。设计习字格的道理也是一样，汉字结构的属性和特征是根本，而习字格是为体现汉字结构特征服务的，是作为练习写字用的辅助工具。因此习字格的结构特征应该与汉字结构一致，或者说必须顺从汉字结构。大家都知道，"力学"被看作"自然哲学"，力学平衡原理是自然界万事万物普遍遵循的基本规律。因此首先讨论汉字结构和各种习字格遵循的平衡原理是什么，然后再看两者的平衡原理是否一致，这是评价一个习字格是否科学的必要条件。

启功结字黄金律[1]告诉我们汉字结构不是中心轴对称，不是均匀分布，而是有紧有松的，即"左紧右松、上紧下松、内紧外松"。陈振濂教授在《书法美学》中指出"汉字平衡是秤的原理，而不是天平的原理"[7]，见图0-1、图0-2。天平的原理是中心轴对称的，对应田字格和米字格等习字格；九宫格、黄金格等习字格符合杆秤的原理。

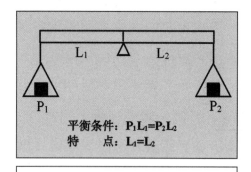

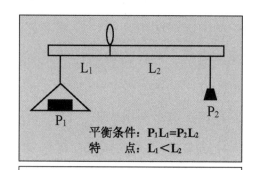

图0-1

图0-2

从图0-3和图0-4中可以看出：田字格和米字格都遵循天平的平衡原理，中轴线一目了然；范字"林"字的两个部件"木"不是左右大小一样，而是左小右大，左紧右松，它的结构特征是与田字格和米字格相悖的，所以被中轴线切割。再看图0-5中黄金格中的"林"字，看起来就很舒服，因为左黄金分割线恰好是"林"字左右两个"木"的结构分界线，说明黄金格的结构与汉字的结构平衡原理相吻合，都遵循杆秤平衡原理[16][17]。

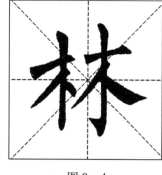

图0-3

图0-4

图0-5

0.2　五项功能

选择习字格除了从原理考虑之外，主要还是根据使用的需求，即根据读帖和临写的需求，习字格到底应该具备哪些基本功能？如前所述，习字格种类很多，表0-0示出了15种有代表性的典型习字格，虽然它们都在标新立异，但是经过历史长河的大浪淘沙之后可从中提取出五项功能[24]：笔画定位、笔形参照、外形轮廓、结构分界、重心边界。

为了帮助大家运用五项功能借助习字格临摹，我们选择了五个典型范字"福、乐、天、然、安"（每个字提供欧、颜、柳三种字体）和15种典型习字格，通过将每个范字"放入"不同习字格的过程（相当于在习字格上临写），感受一下习字格五项功能的作用，从中学会根据不同范字的笔画和结构特点应用习字格临摹的方法。

（1）笔画定位线

从表0-0可以看出从"九宫格"发展到"大九功格"显然是为了提高习字格的定位精度，后来又从"大九宫格"发展到"变九宫格"是因为"大九宫格"虽然定位精度高，但考虑到习字格的其它功能，显得线条繁杂，所以提出六分格"变九宫"作精度调整。同时它为习字格的未来发展埋下了一个"误导性"隐患，因为它变成了"对称型"习字格，可能是后来演变成"田字格"的源头。习字格内多种多样的分界线，是临摹时用来"把握笔画之间、部件之间的位置关系"的基本功能。格内分界线越多，笔画定位精度越高，但线条越繁杂。比如大九宫格（九分格）的定位精度最高（1/81），而田字格（二分格）定位精度最低（1/4），所以习字格中的分界线多少要适度。为了充分利用笔画定位线功能，首先临摹"福"字，因为该字笔画比较多，定位问题比较突出，推荐如下三种习字格。

格内分界线越多，笔画定位精度越高，但会影响其他功能。各种习字格均有此功能，只是精度高低之分。

九宫格

大九宫

黄金格

（2）笔形参照线

除了确定笔画的起笔和收笔位置的定位，如果再给出笔画行笔过程或笔画形状的参照线则更容易临摹笔画。通常借用习字格中的横竖直线作为横、竖笔画的参照线。考虑到

表 0-0 典型习字格

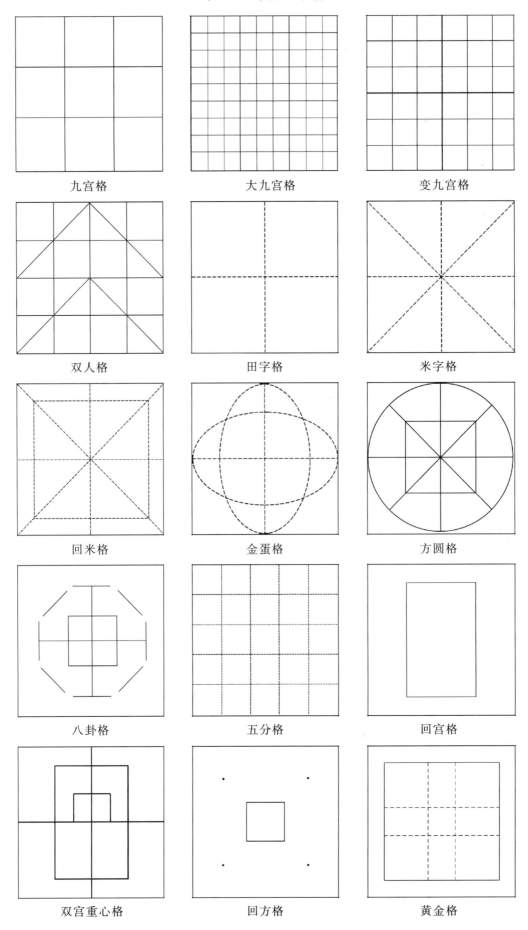

九宫格	大九宫格	变九宫格
双人格	田字格	米字格
回米格	金蛋格	方圆格
八卦格	五分格	回宫格
双宫重心格	回方格	黄金格

撇、捺画等斜线笔画或曲线笔画的参照作用又出现添加"人"字形线或"米"字形及椭圆形的习字格，比如双人四分格、米字格系列、金蛋格等。

为了充分利用笔形参照线功能，这里临摹"天"字，因为该字笔画线条丰富，不仅有直线，还有斜线和曲线，目的是学会利用"笔形参照线"写好字的直线、斜线和曲线。显然用带"人"字形和"×"形线的习字格书写带撇捺笔画的字比较方便，比如双人格和回米字格。推荐如下三种习字格。

选择带笔形参照线的习字格，容易临摹直线或斜线形笔画。对于不带斜线的习字格，不具备斜线参照功能。	 双人格	 回米格	 黄金格

（3）外形轮廓线

根据汉字本身结构属性及其笔画线条对视觉的作用，汉字不能都写成一样大小，有的字应该写满格，有的字不能写满格，所以需要借助习字格的外形轮廓线控制书写大小。楷书的外形轮廓有平正、偏斜、瘦长、扁宽、大小之分，如对大量楷书汉字做统计外形轮廓趋近"圆形"，所以出现方圆格、八卦格、金蛋格。对于单个字通常看作"方形"，所以出现"方块字"的外形轮廓线，比如回米格、回方格、黄金格。

为了充分利用外形轮廓线功能，这里临摹"乐"字，该字外形大体呈圆形，目的是学会利用"外形轮廓线"控制字的大小，将"乐"字写满格。注意有些字不允许写满格，比如框型结构的字（国、圆、门），其中笔画少的全封闭框型结构笔画要收缩（口、日、白），未形成全封闭框的字要比全封闭口框字稍大（山、公、心、夕、么、刀、只、己、云）；笔画少的开放型的字，比如带有撇画和捺画的字（人、大、天、尺、左、之）笔画要伸展，由于字的外围是尖状笔画，与其它字比起来并不显得过大。带外形轮廓线的习字格，如回米格、八卦格、黄金格，容易控制字的外形轮廓。推荐如下三种习字格。

选择带外形轮廓线的习字格，以控制字的大小。如果没有此功能则不能控制字的大小。	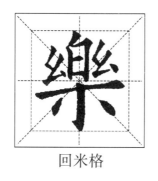 回米格	八卦格	 黄金格

（4）结构分界线

控制字的结构比例是习字过程的重要环节。如何科学地认识汉字结构规律是习字格设计的难点，也是寻找结构分界线的关键。虽然当代习字格设计开始注重引入黄金比，出现了多种多样的表现汉字结构的猜想，比如回宫格、五分格、方圆格、八卦格、双宫重心格、回方格等，直到启功先生发现结字黄金律之前对汉字结构分界线和重心边界线的认识一直是一个盲区。

为了充分利用结构分界线功能，这里临摹"然"字，该字上下结构比例特征明显且符合黄金比，目的是学会利用"结构分界线"控制汉字结构的上下比例和左右比例。从表0-0中可以看出，只有黄金格、回方格及九宫格具备这项功能。推荐如下三种习字格。

选择带结构分界线的习字格，容易控制字的左右或上下比例。对于田字格或米字格等中心对称的习字格不具备此功能。	九宫格	回方格	黄金格

（5）重心边界线

字的重心是汉字结构的根基，许多习字格都试图绘制"重心区"，作为书写主笔和影响重心笔画的参考点或参考线，比如双宫重心格[5]、五分格、回方格等，虽然它们的功能还不够到位，但反映出习字格设计的一种追求和进步趋势。基于对汉字结构及重心分布的科学认识，习字格应该体现汉字结构的重心区。

为了充分利用重心边界线功能，这里临摹"安"字，因为该字长横作主笔，主要笔画向中心汇聚特征明显。目的是学会利用"重心边界线"控制汉字的重心，方法是字的主笔和影响重心的笔画都尽量通过中心区的"四个顶点"或穿过重心区，即古人说的"八面拱心"。从表0-0中可以看出，只有带"重心区"的回方格、黄金格或接近黄金格的九宫格才具备这项功能。推荐如下三种习字格。

选择带重心边界线的习字格，以便于引导笔画向"中宫"汇聚。对于田字格或米字格等无"中宫"的习字格不具备此功能。	九宫格	回方格	黄金格

0.3 借鉴九宫格用法

从上面图例可以看出五项功能在临摹过程不可或缺的重要作用，自然成为选择习字格的重要依据。同时还会发现，不是所有的习字格都具备上述五项功能，一般的习字格只具备两三项而已。通过比较、鉴别自然会选择出具备五项功能的习字格——黄金格。接下来是如何使用的问题？黄金格与九宫格结构类似，所以首先借鉴古人是如何使用九宫格的，从经典中吸取智慧，有三种常用方法：定中宫、定中停和定四角。[27][28]

（1）定中宫

要想把字写得"平正""端正"，应首先确定"中宫"，即笔画汇聚的地方，称作"实心"，如"米"字，也可以是没有笔画的地方，称作"虚心"，"计白当黑"，看作笔势汇聚处，如"门"字。下图示出书写过程对应的"实心"和"虚心"。

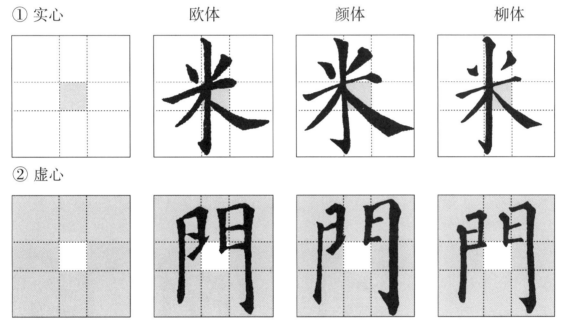

① 实心　　　　　　欧体　　　　　　颜体　　　　　　柳体

② 虚心

（2）定中停

一个字写得端正，像盖房子一样，必须安排好纵向"立柱"和横向"房梁"，要考虑将哪些笔画安排在"纵中停"（如"常"字的上竖与下竖分开即"竖断"，但要上下对正，即"定首尾"，像人体的"脊柱"一定保持竖直，但为了"造险"未必在"中轴线"上），哪些笔画安排在"横中停"（如"等"字中间长横主笔，像"横担"一样起平衡作用）。九宫格中的"停"就是将一个字所占的空间（古人称作"窠"）进行等分，其中一部分就是一"停"或一"分"。为了描述占位，在纵向分成上、中、下三停，在横向分成左、中、右三停，由于等分古人称作"三勾"，所以出现"纵中停"和"横中停"。

① 纵中停

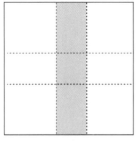

② 横中停

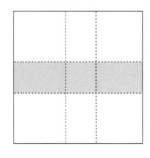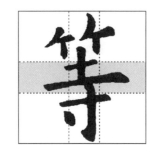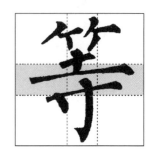

（3）定四角

　　古人看字，将每个字看作人形或建筑，比如释智果《心成颂》中"回展右肩""长舒左足"，于是出现了左肩、右肩、左脚、右脚，即"四角"，刘熙载将其称作"四维"，它们围绕中宫和主体，处于九宫格的左上、右上、左下、右下四个部位。写字时瞄准了中宫，中停、首尾的位置，再用目测定位四角的大体位置，一个字的端正就有了基本保障。如"同"字的"左右肩"是左低右高，"左右脚"是左高右低。"光"字的左右脚在各自空间，由于"竖弯钩"作主笔须粗壮、伸展，故而占位比较大。

① 左肩、右肩

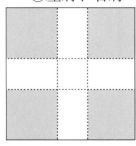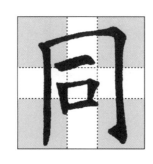

② 左脚、右脚

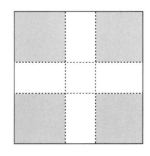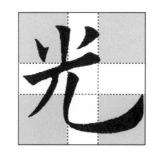

0.4　优化黄金格用法

根据古人的"定中停"方法，可以推广到"定六停"，因为九宫格有左中右、上中下等分的"六停"。图0-6a示出了"启功黄金格"，这里借用九宫格的"六停"概念但不再等分，所以其左右、上下存在"黄金比"，其重大意义之一在于指出了汉字的重心分布规律（见图0-6b）。如果直接在格子上写字，为了防止与邻近字相互拥挤，自然要随意收缩一些，如图0-6c，于是无法控制字的大小。为此在"启功黄金格"基础上增加了字外框（见图0-6d），称作"优化的黄金格"，简称"黄金格"，这样既能控制字的大小又能体现出字的左右宽窄和上下大小比例关系。实际上启功先生在原著《楷书概论》（北京师范大学出版社，1986年）图31、图32中示出的"双重方框"已经指出了"字框"的意义，只是在后面举例中为了突出描述ABCD四个顶点中心区将其省略而已。

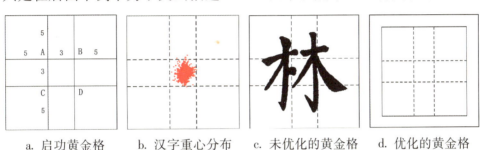

　　a. 启功黄金格　　b. 汉字重心分布　　c. 未优化的黄金格　　d. 优化的黄金格

图0-6 对启功黄金格的优化过程

黄金格的"左停"，是指左侧三个方格，它与中停和右停组合占位（无灰色背底区），对应汉字左窄右宽结构，符合黄金比；同理"右停"对应汉字左宽右窄结构；"上停"对应汉字上小下大结构；"下停"对应汉字上大下小结构，以展示汉字比例和谐之美。

①左停

②右停

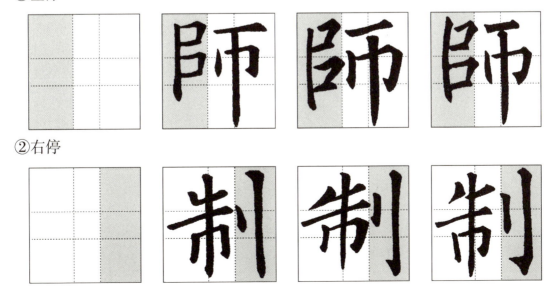

③上停

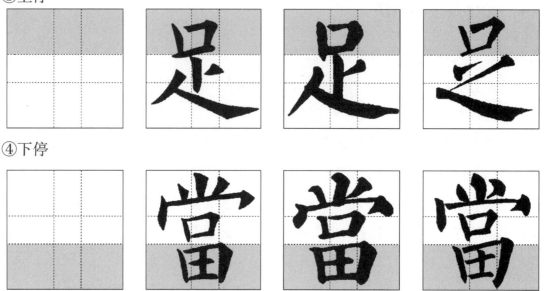

④下停

　　将上述"四停"及"定中停"方法统称为"定六停"。对于左中右、上中下结构可以参照"中停"书写；对于左右等宽、上下等高的结构，需要将一个习字格占居的空间即一"窠"，分成相等的两部分的分界线，古人称作"分疆"，黄金格中没有此分界线，须通过想象的纵向中轴线或水平中分线书写；对于独体字、包围结构的合体字，可利用中宫、四角、六停等空间度量概念在黄金格上书写也很方便。如何控制字的大小，其中一条重要原则就是对于带有平行于习字格边框的横向笔画或纵向笔画的字不允许撑满格，须向内收缩一个笔画宽度，以防止有拥挤感（顺边错觉），例如"制"字的右竖，"同"字的上横，"当"字的下横等（注意这里优化的"黄金格"已经画出字与字之间的间隔）。这里提到的"笔画宽度"，也是古人书写的一种计量单位，比如清人戈守智在解释欧阳询"补空"结字法时提到的"空一""豁二""隔三"，其单位均指"笔画宽度"。由此推出两个笔画之间的占位，如果等于一个笔画宽度则称作"均"；如果大于一个笔画宽度则称作"疏"；如果小于一个笔画宽度则称作"密"。

　　为了探索规范汉字的结构比例关系，笔者根据 GB2312 楷体 1000 常用字在放大的黄金格中进行逐字检测，发现黄金格的上下左右四条分界线与汉字结构的分界线完全吻合[17][23]（见图 0-7），因此证明黄金格是一种科学好用的习字格，并且是符合《纲要》要求的首选习字格。另外，带黄金格范字的字帖对体现结字规律也具有重要参照作用。

　　最后，我们引用欧阳中石先生用"格局"概念对习字格的深刻阐释："我们的汉字，有大有小，有简有繁，有长有短，有宽有窄，有圆有扁，有歪有斜，……但从形体的外沿范围上说，她们各自上有一个等同的势力范围"，"格"是指习字格的"外界范围"，而"局"正好是指"外围之内的各个局部的安排。即在'格'内的'布局'，也就是各个笔画，各个部件的总体安排。"[15] 这与古人讲"结字法"时提到的"分间布白"异曲同工。怎么"分"？就是如何分配习字格的空间，借用九宫格的空间度量单位"窠""停""笔画宽度"，定中宫、定四角（包含左肩、右肩、左脚、右脚）、定六停（上停包含"首"，下停包含"尾"）就是指笔画和部件的安排方法；怎么"布"就是指前面总结出的习字格五项功能：笔画定位、笔画形态、外形轮廓、结构比例和重心边界。简言之，"分间布白"类似于在习字格空间内对"排兵布阵"的"静态"部署。怎样在习字格内按照习字格的五项功能将字的笔画和部件安排得合理、好看？就是我们后面将要介绍的楷书"结字法"，其中古人提到的"奇正""主次""避让""错落""向背""疏密""虚实"等变化法则，类似于在"排兵布阵"基础上对"战略战术"的"动态"调整。"格小天地宽"，如何利用习字格临摹、练字，里面的学问可大了，让我们先从"笔画"开始。

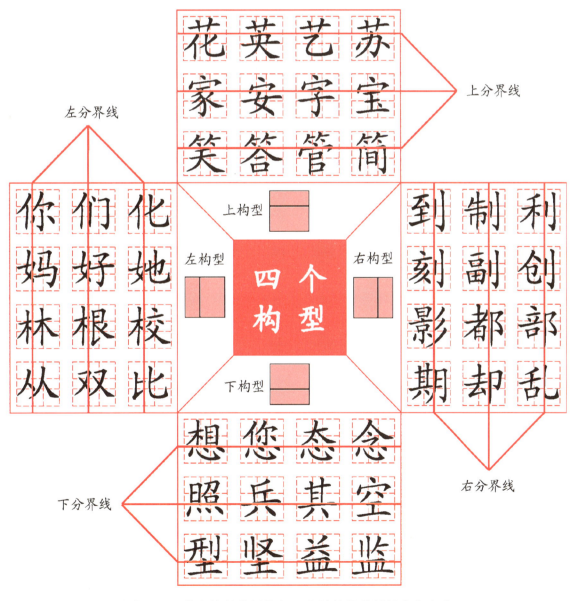

图 0-7　黄金格的分界线与汉字结构的分界线完全吻合

1　笔画

1.1　书写常识

1.1.1　书写用具

书写用具主要有笔、墨、纸、砚，即"文房四宝"。

（1）笔的选择与使用

a. 如何选择毛笔：

好的毛笔具有四个特点，也称"四德"，即"尖、齐、圆、健"。尖是指将笔毫聚拢后尖锐不秃；齐是指笔毫润开压平后笔尖平齐；圆是指笔毫周围圆满如枣核之形；健是指笔毫要有弹力，重压后提起能顺利恢复。

毛笔尖、齐，才能写出灵巧精微的笔画；笔毫圆、健，行笔才会有利。选择毛笔时，要注意笔尖不可太尖，太尖的毛笔往往笔毫不齐，或者笔毫太少。毛笔的健不等于硬，太硬的笔会伤纸。

根据所写字的大小选择合适规格的毛笔。中小学生练习楷书，一般选择中楷或大楷笔，写小楷当然要选小楷笔。需要注意的是，可用较大的笔写较小的字，这样容易写得丰厚，不可用较小的笔写较大的字，这样写出来的字容易单薄，而且硬要写得丰厚则容易伤笔。

b. 笔毫的结构：

毛笔的笔头根据笔毫的构造分为笔锋和辅毫两部分。所谓笔锋，也称作主毫、头锋毛，是指笔毫中心一簇长而尖的部分，最优质的毛，具有透明的锋颖；所谓辅毫，是指包裹在主毫周围的一些较短的衬毛、贴毛，也称作二锋、三锋。在运笔的过程中，笔锋与辅毫发挥着不同的作用。笔锋是笔毫中最富有弹性的部位，它决定着笔画的走向，所以有"笔锋主筋骨"之说。但是光有筋骨而无血肉的字是不美的，所以还须兼用辅毫来控制粗细。辅毫与纸的接触越多，笔画越丰满，故又有"辅毫丰血肉"之说。书写时根据需要来协调运用笔毫和辅毫。

毛笔的笔头根据其使用部位大体分为笔尖（锋颖处）、笔肚（中间的部分）和笔根（笔头与笔杆相接处）三部分，再把笔尖至笔肚的中心分成三等分，靠笔尖的三分之一这一段称作一分笔，从笔肚到笔尖这一段称作三分笔，中间部位到笔尖这一段称作二分笔，见图1－1。使用一分笔书写，笔画显得纤细、瘦劲，如初唐的褚遂良、薛稷常用此法，宋徽宗的"瘦金书"也是突出范例；使用二分笔书写，笔画显得圆润、俊健，如晚唐的柳公权，元代的赵孟頫多采用二分笔；使用三分笔书写，笔画就显得丰腴、浑厚，如中唐的颜真卿、宋代的苏东坡，见图1－2。

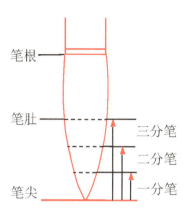

图1－1　笔毫结构图

褚遂良一分笔　　　　　柳公权二分笔　　　　　颜真卿三分笔

图1－2　使用一、二、三分笔书写的"风"字

c. 毛笔的浸透与清洗

新毛笔要用温水泡开。每次使用毛笔前，要用清水浸透笔毫，挤干后再蘸墨汁；毛笔使用完毕后，要用清水顺着笔毫冲洗干净，然后顺着笔毫挤干，最好笔头向下挂起晾干。

（2）墨的选择与使用

墨锭和水在砚台上研磨出墨液，用于书写。墨锭一般为黑色，也有作为国画颜料的各种色墨。

黑墨根据制作原料的不同，有油烟、松烟和漆烟三种，其中漆烟最黑，油烟次之；

加水研磨时要重按缓推，保持墨锭平正，所研墨汁的浓淡根据需要而定。为了使用方便，清末出现了能够直接使用的墨汁。墨汁根据性状分为重胶型和轻胶型两大类。重胶型适于书写篆书、隶书、楷书；轻胶型适用于书写行书、草书。平时练习时用瓶装墨汁，根据需要取用墨汁。

（3）纸的选择与使用

宣纸是中国书画的主要用纸，原产于安徽泾县。民国前泾县曾长期隶属于宣城（宣州），在宋代，宣州是书画用纸的集散地，宣纸因此得名。宣纸具有良好的润墨性、耐久性、变形性和抗虫性。根据宣纸对水墨的不同反应与效果，人们把宣纸分为生宣和熟宣两大类。生宣润墨性好，易于产生丰富的墨韵变化；熟宣润墨性弱，使用时墨和色不容易洇散开来。根据使用的需要，人们还生产出不同规格、不同花色的宣纸，比如洒金宣纸以及不同颜色和底纹的彩宣。

（4）砚的选择与使用

最好选择有盖的砚台，以免染尘。如果用瓶装墨汁，可以用小碟子来代替砚台。每次使用后要将墨碟或砚台洗净，不积存宿墨。

1.1.2 执笔与姿势

（1）执笔的方法

毛笔的执笔姿势有多种，五字执笔法是常有的一种。五字执笔法是用擫、押、钩、格、抵五个字来说明五个手指的作用。写字时，五指各负其责，通力配合，才能执笔沉稳，又能运用灵活。
五字执笔法的要领是手指捏实，掌心虚空，手掌竖起，笔管直立。

（2）写字的姿势

把纸铺在水平的桌面上，根据写字的大小，人们总结出枕腕、悬腕和悬肘三种常用的方法。枕腕、悬腕需坐着书写，悬肘书写需要站立书写。用毛笔写字时，无论坐着还是站着，都要做到身体端正，肌肉放松，精神集中。

1.1.3 临摹的方法

初学写字应从临摹开始，一般分为如下三个阶段：

(1) 描红摹写

描红是一种习字方法，即印在纸上为红色的范字，或者红色空心范字（又称"双钩"），练习者一笔一画地按笔画的轮廓在上面覆盖书写，力求与范字相合。描红要尽量一笔写满，描写完以后，如果发现墨笔没有填满红色笔画，也不要再去修补。如果没有描满或出了范字的红色边缘，应认真思考出现这种情况的原因，再描时注意改正。

(2) 单钩临写

单钩是把笔画的中心线勾出（中锋行笔的轨迹），然后按照中心线书写。双钩是把字的外轮廓全部画出来后填墨，类似描红。初学者先描红或双钩填墨，熟练后再转到单钩临写阶段。

(3) 习字格临写

习字格临摹是对照印在习字格中的范字，参照范字背后习字格的分界线，在习字格练习本上进行一笔一画地临写。将字帖放在一旁的叫作对临。不看字帖，单凭记忆进行仿写，则称为背临。利用"黄金格"的五项功能临摹是学书的捷径。

1.2 基本笔画

书法的第一要素是笔画，笔画的组成则是线条。有观点认为书法是线条的艺术，如果写出字来，线条松软、偏枯、单薄，如同破絮一般，那你的字只能让人失望，生厌。王羲之说："倘一点失所，若美人病一目，一画失节，如壮士之折一肱。"[20] 赵孟頫说"书法以用笔为上，而结字亦须用工"[20]，可见用笔的重要性。

1.2.1 用笔方法

(1) 起笔、行笔、收笔

用笔指书写一种点画时笔锋运动的全过程。写任何一种点画都要经过起笔、行笔、收笔三个阶段。《纲要》指出："学习正确的运笔方法，逐步体会起笔、行笔、收笔的运笔的感觉。"[18] 常用横画、竖画的起笔、行笔、收笔线路图如图 1 - 3 所示。

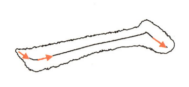

图 1-3　常用横画、竖画的起笔、行笔、收笔线路图

（2）藏锋与露锋

藏锋与露锋是指笔画起笔和收笔处的形态，以笔画起收笔端是否出现锋尖来区别。藏锋的笔画显得稳重厚实，露锋的笔画显得灵巧轻快。

一个值得注意的问题是：如何藏锋？我们引用邓宝剑在《柳公权玄秘塔碑》经典碑帖临摹教程中关于笔法问题的一段描述[21]：

藏锋的写法有两种，一是入笔时直接切入，保存锋芒不落，然后运行，二是入笔时逆锋起笔然后运行。关键是第二种方法，究竟怎样逆锋起笔？

在很多指导书写的楷书教材中，几乎每一个笔画都被规定要逆锋起笔，并示有运笔线路图，比如横和竖的写法图 1-4 所示为：

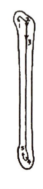

图 1-4　多数楷书教材中逆锋起笔运笔线路图

这样的图示并不适用于所有横和竖的写法，如果通篇按此书写，便忽略了楷书的露锋，以及直接切入形成的藏锋。另外，即便是逆锋起笔，这样的运笔路线也不能亦步亦趋地实行，其实逆锋的动作几乎是在空中完成的，笔尖触纸时的逆行动作是非常轻巧而几乎难以察觉的。这样的路线图作为初学时的方便法门固无不可，但如果一味地照路线图所示去描画，那么写出来的笔画非常容易显得死气沉沉。

因此，本书中关于藏锋的写法采用"入笔时直接切入，保存锋芒不落"的方法，见图 1-3。

（3）中锋与侧锋

行笔时笔尖在笔道中间称为中锋，行笔时笔尖偏于笔道的一侧称为侧锋。中锋行笔，笔画圆劲厚实；侧锋行笔，笔画俏丽活泼。在楷书中，楷书的起笔、收笔常为侧锋，行笔多是中锋。因此在起笔、行笔、收笔的过程中，中锋与侧锋往往自然地转换。

我们以颜真卿书《郭虚己墓志铭》为例讨论一下中锋和侧锋如何运用。图 1-5 中"千""平""年"三字的末笔皆为悬针竖。其中"千""平"二字末笔的形态近似，竖画收笔处的两个边缘并不对称，左边缘大体垂直而右边缘逐渐向左靠拢。"年"字末笔的收尾处有所不同，左右两个边缘大体对称，都逐渐向中线靠拢。之所以形成不同的形态，是因为前者偏于侧锋，而后者偏于中锋。

图 1-5 颜体悬针竖中的侧锋与中锋用笔

另外还需要注意侧锋和中锋的转换，一些较长的笔画，入笔之时以及行笔之初尚为侧锋，但由于克服纸张对笔毫的阻力，笔尖自然转向与前进方向相反的方向而变为中锋。比如图 1-6 中"于""行""河"三字的末笔，竖钩在起笔时尚为侧锋，而笔毫到了末端便已经形成为中锋的形态。笔画底部（a 处所示位置）正是笔腹所处的位置，出钩的地方（b 处所示位置）正是笔尖所处的位置。出钩的时候，笔腹略抬起，然后侧锋向左出钩，便形成这样的笔形。

（4）笔画中的棱痕

《郭虚己墓志铭》1997 年出土于河南省偃师市首阳山镇，是目前发现的第二早的颜真卿（709—784 年）书法作品，颜真卿 41 岁（749 年）时的金石之书，略晚于《王琳墓志》（741 年），比 44 岁（752 年）书的《多宝塔碑》还早 3 年[12]。《郭虚己墓志铭》字

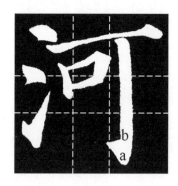

图 1-6　颜体竖钩的侧锋-中锋-侧锋用笔转换

里行间还可以看出他师从张旭的痕迹，字体虽挺劲潇洒，但还有些拘束，与其成熟的雄健拙厚的风格不同，蕴含唐楷共性笔法的同时，颇有抛筋露骨之感，其笔画的两端和转折处显得有棱有角，特别方硬。比如图 1-7"上""又"二字，处处显出刀劈斧削的样子。与这种情况类似，很多书家都认为柳书抛筋露骨。

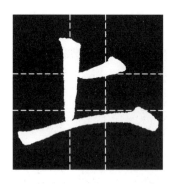

图 1-7　颜体碑帖中笔画中的棱痕　　　　图 1-8　《告身帖》"一"字

与众不同的是，董其昌认为柳书"用笔古淡"，这与拓片中的字样给人的印象大相径庭。董其昌有此评价，和他对刀痕的警惕是分不开的。他说："作书最要泯没棱痕，不使笔笔在纸素成板刻样。"[20]因为碑刻与墨迹毕竟一是刀一是笔有所不同。这和启功先生的"透过刀锋看笔锋""半生师笔不师刀"[3]的深邃见地有异曲同工之妙。这里给出如何看待碑帖的智慧"眼光"，要泯没由于刀锋造成的棱痕，旨在获取笔法真谛。学书不要局限于经典碑帖，还要多看古贤书法墨迹。

比如颜真卿书《告身帖》的"一"字（见图 1-8），长横末尾的顿笔都是在笔势的起伏中顺势一顿，这时笔尖自然地向上方顶出，从而形成一个高耸的凸起，然而如果这在碑刻中由于刀刻的作用要显得非常锐利。[21]

1.2.2　笔画特点

（1）横画

横画宛如"字之梁"，在上、中、下三个位置分别是顶梁、中梁、底梁，起着或覆下、或挺中、或托上的作用。不论长横还是短横，其共同特点是：不笔直、不水平，不等粗，长横的形状一般是方头圆尾，中段略细，两头略粗，坚挺秀美。古人将"横竖"看作字之躯干，对汉字的结构及章法起着强有力的统摄作用，若有所失必有损于字的整体之美。

（2）竖画

竖画犹如汉字中的"支柱"和"主心骨"，竖画的视觉冲击力很强，而且使用频率很高。与横画一样，竖在字的结构中起着重要的支撑作用，尤其是中间有竖，像房中柱子一样，稳定着字的重心。中竖、长竖宜挺直而有力，其他竖画则不必写得很竖直，而是多带倾斜之势，下笔的角度往往因笔势的不同而有所变化，或向或背，或顺或逆，或藏或露，于曲中求直，直中见曲。

（3）撇画

撇和捺好比小鸟的翅膀，也像人的左膀右臂，其形态左右开张，起到了字的平衡作用，字的体势美感表现往往在于撇捺的长短伸缩及其弧度变化。在汉字中根据不同的位置选择不同的撇画，在字的正中间要用竖弯撇，像中竖一样能起到稳定字形的作用；在字的左下方用斜撇或长撇；在字的头顶上方要用平撇；在字的左上方要用短撇。

（4）捺画

捺脚的形状好看，人们把它比喻作燕子的尾巴，称作"燕尾"。捺画的形态多样，种类繁多；在汉字中根据不同的位置选择不同的捺画。在字的右下方时，一般用斜捺；在字的下方时，一般用平捺，具有承托作用。捺画一般是汉字的最后一笔，与撇画配合，成为镇字之宝。捺画也称"波画"，其形如波浪，一波三折，所以也最富于美感。

（5）提画

提又称"挑"，起到连接上下笔的作用，其特点是承前一笔笔势，重按后向右上提笔挑出。提画常常与竖画组合成竖提，分为平接竖提和插接竖提两种。

（6）点画

点画形体虽小，但其技术含量最高，包含横、竖、撇、捺、提、折的笔法。它既是书法中最基本的笔画，所有笔画从点开始，也是写法最难，形态变化最多，应用最广的笔画。作点之法，其势要重，如高峰之坠石。点法贵于沉着而有份量，灵活而不呆滞，精到而不秽浊，虽一点微如粟米，亦分向背俯仰之势，能传"顾盼精神"，有"画龙点睛"之妙，可见点画在字中的重要作用。

（7）钩画

从笔画演变的历史来看，在篆隶中本无钩，钩是在楷书中出现的笔画形式，因笔画的势连而产生，钩画起着笔画的连带与呼应作用。由于钩总附在横、竖、折等笔画的末端，所以构成新笔画的机会多，形态变化也多。加上钩的笔画，往往也成为了该字的主笔。所谓"铁画银钩"，钩画的重要性可见一斑。

（8）折画

折画表现为笔画间的搭接，实质是一种复合笔画。折画的写法分为方笔和圆笔两种。方笔提按分明，在转折处带有方形棱角；圆笔必用转笔，在书写时提笔暗过，不露圭角，在转折处呈现浑圆略带弧形的形状。圆笔给人以含蓄内敛的感觉，方笔给人以劲挺险峻的印象，方折用翻折。折画要防止过方过圆、纯方纯圆，提倡方圆兼备，富于变化。

1.3 笔画练习指导

下面通过典型的柳体范字实例说明笔画书写方法[22]。本书柳体范字主要选自柳公权书《玄秘塔碑》《神策军碑》《唐平西郡王李晨碑》和《大唐回元观钟楼铭》等，以便与《楷书黄金律颜体练习指导》《楷书黄金律欧体练习指导》三本书共同构成欧、颜、柳三体同字优化范字体系。

A. 基本笔画——A-1 横

a. 横画

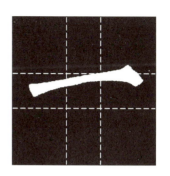
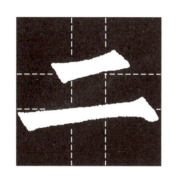
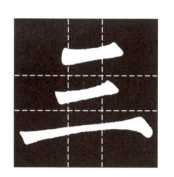

横
书写要点

- 起笔：笔尖斜切。
- 行笔：笔锋向右行并下压，笔画先渐细后渐粗。
- 收笔：笔锋向右下略顿，提笔收起。
- 笔形坚实安稳，左低右高。

想想看看

发现大部分横画向右上倾斜，左低右高，书法称作"抗肩"。你知道为什么吗?

A. 基本笔画——A-2 竖

a. 垂露竖

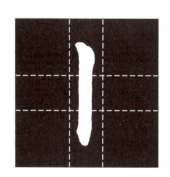
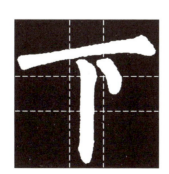
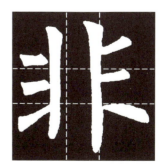

竖
书写要点

- 起笔：笔尖横切。
- 行笔：笔锋向下中锋行笔。
- 收笔：在笔画末端朝右下轻顿，向上回锋收笔。
- 笔形沉稳坚定。

想想看看

观察垂露竖收笔处竖的末端圆润，就像露珠的形状，所以被称作"垂露竖"。明白了吗?

A. 基本笔画——A－2 竖

b. 悬针竖

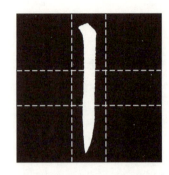

竖
书写要点
- 起笔：笔尖斜切。
- 行笔：笔锋向下行笔，略提笔，笔画渐细。
- 收笔：行笔至笔画末端笔锋聚拢，边行边提收。
- 笔形尖锐有力。

书法园地
　你知道怎样使用悬针竖和垂露竖吗？
　悬针竖一定是字的最末一笔，且多见于中间，一字中最多只能用一次，锋芒外露有韵致；垂露竖可用于一切竖画，包括末笔竖画，使用垂露竖更见骨力。

A. 基本笔画——A－3 撇

a. 短撇

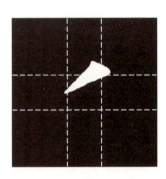

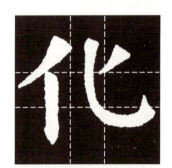

撇
书写要点
- 起笔：笔尖斜切。
- 行笔：从右上朝向左下行笔，上粗重下轻细。
- 收笔：行笔至末端时，笔锋渐渐提起。
- 笔形洒脱有力。

想想看看
　观察"化"字中的两短撇有什么不同？知道为什么不一样吗？
书法园地
　书法临摹的三境界：眼到、手到、心到。

b. 长撇

撇

书写要点

- 起笔：笔尖斜切。
- 行笔：从右上朝左下作弧形行笔，笔锋渐收。
- 收笔：行笔至笔画末尾端时，笔锋渐渐收起。
- 笔形舒展洒脱。

想想看看

观察一下"左"和"右"二字中撇画的长短、角度和粗细变化有什么不同？知道为什么吗？

a. 斜捺

捺

书写要点

- 起笔：笔尖顺锋入纸。
- 行笔：从左上朝右下行笔，要不断下压，至笔画最粗处略顿，边向右行边提起笔锋。
- 收笔：至笔画末端时，笔尖顺势收起。
- 笔形舒展有力。

想想看看

观察捺脚的形状好看吗？人们把它比作燕子的尾巴，称作"燕尾"。

A. 基本笔画——A-4 捺

b. 反捺

 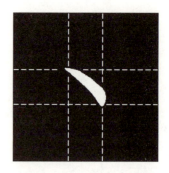

 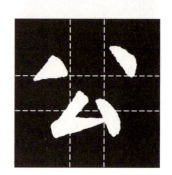

捺
书写要点

- 反捺是将捺变成点，与长点的形态基本一致。
- 先顺锋起笔，再逐渐下按至最宽。
- 略停之后向下行，笔锋渐提收笔。

想想看看
观察范字中的反捺能不能变成正捺？

书法园地
你知道什么情况下使用反捺吗？一是为了避让和收缩，二是为了书写连贯，比如行书中常用。

A. 基本笔画——A-5 提

a. 提

 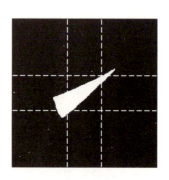

提
书写要点

- 笔尖向右下斜切起笔。
- 向右上行笔时，笔画逐渐向上提起，至末端出锋收笔。
- 在左右结构的字中，左侧偏旁的最后一笔横画一般都写作提画，以便为右侧让出空间并增加运笔的连贯性。

想想看看
提画的长度、粗细及倾斜角度因字而异。仔细观察两个范字中提画写法有什么不同？

A. 基本笔画——A-5 提

b. 竖提

提

书写要点

竖提一般有两种写法：
- 第一种，在竖的收笔处向竖的左侧轻提，笔尖不离纸，斜切作提的起笔，如"让"字。
- 第二种，在竖的收处向左下方提笔，斜切作提的起笔，如"衣"字。

书法园地

像"让"字的竖提正常是一笔，叫作"平接"，但"衣"字却写成两笔，竖画下面的提画略伸出竖画，即"提起竖左"，叫作"穿接"，古人称作"搭钩"，"搭钩者，苟须另搭，不则累苟笔之态"。

A. 基本笔画——A-6 点

a. 点

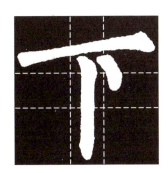 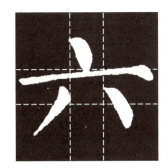

点

书写要点
- 起笔：露锋顺势向右下入笔铺毫。
- 行笔：先边行边按，再边行边提。
- 收笔：至笔画末端时，略停，收起笔尖。
- 笔形坚实果断。

想想看看

仔细观察范字中的两个点，看看它们的形状有什么不？位置和作用有什么不同？

a. 竖钩

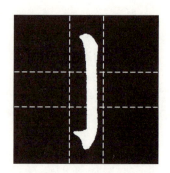
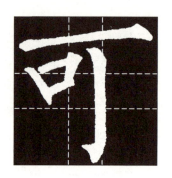

钩
书写要点

钩的形态主要有两种：
- 向左平钩，钩出部分往往与竖同宽，如"可"字。
- 笔略作钩意而收敛钩尖，钩出部分的长度小于竖的宽度，体现"钩"对"竖"的避让，以突出主笔的纵向伸展作用，如"相"字。

想想看看

仔细观察，两个范字中的竖钩有什么不同？

书法园地

写钩时不能刻意描画，要一下钩出。

b. 弯钩

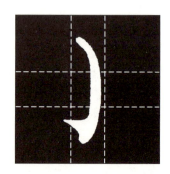
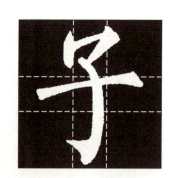

钩
书写要点

- 弯钩中钩出笔前的笔画呈弧形，弧形部分先轻后重。
- 弯钩一般在字的下部，支撑或者部分支撑着整字，因此要有力量。书写时，随钩在字中的作用不同，其形态会产生一定的变化。

想想看看

- 观察一下，两个范字中的弯钩有什么不同？"子"字起笔"横"分解成"点"与"横"两笔，为什么？

书法园地

弯钩形体弯曲，但上起笔与下钩折点要对正，即弯腰立正，曲中见直，以体现支撑的力度。

c. 横钩

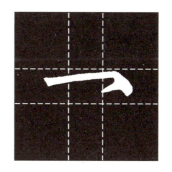

钩
书写要点

横钩的钩部一般有两种写法：

- 第一种写法，至横部末端即顺势向右下斜切，接着向左下钩出，如"军"字。
- 第二种写法，至横部收笔处，下压笔锋，笔锋上顶凸起，然后向左下钩出，以突出主笔横钩，如"当"字。

想想看看

想想看，两个范字中的横钩有什么不同？

d. 斜钩

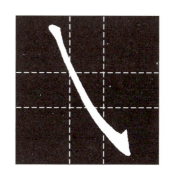

钩
书写要点

- 横切或略向右下斜切下笔后，向右下行笔，略作弧形。
- 至斜向笔画末端略停，向右上顺势钩出。
- 钩尖指向右上方。

书法园地

斜钩的形态很美，给人一种书法"力"感。古人云"力谓骨体"[20]。从视觉科学角度来看，它是指各种线条按着不同字形组合后，所表现出来的一种张力和视觉上的冲击，这种力不是物理力，是以具象对抽象的审美表述。

e. 卧钩

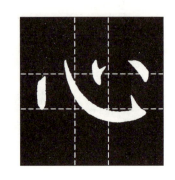

钩
书写要点

- 卧钩中钩出前的笔画形态是略弯的弧形，弧形部分是先轻后重。钩处宽厚有力。
- 卧钩在字的下部，与左侧的点一起承载起整个字，其粗细及形态必须与上部及左右笔画相协调。

想想看看

　　"必"字的笔顺是先撇后钩，再三点。先写中间点，再写左侧点，最后写右侧点。知道为什么吗？

f. 竖弯钩

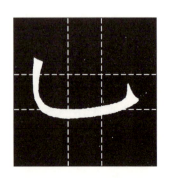

钩
书写要点

- 写竖钩时略向左下行笔，竖部向右倾斜。
- 转弯处圆转，有时略细有时粗，转弯后向右行笔，笔画渐粗。
- 行笔至横部末端，将笔锋渐提，向右上方出锋收笔，舒缓有力。

书法园地

　　末笔出锋要意完神足，如"也"字末笔要缓起轻收，形成的钝势小钩就像刚刚把弓拉满，箭头被一点点地缩到了弓背的挽手处的样子。

A. 基本笔画——A-7 钩

g. 横折钩

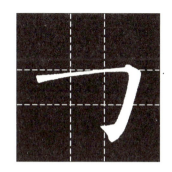

钩
书写要点

- 横折钩转折和出钩要自然流畅，不能刻意描画。
- 横折与钩的角度及形态各不相同，富于变化。
- 横折钩中的竖部不全是垂直的，有的向外弯曲，称作"外拓"，如"尚"字；有的向内弯曲，称作"内撅（yè）"，如"月"字。注意月字旁无论居于何处均不可宽，宽者笨拙，防止与"同"字相混。

想想看看
仔细观察横折钩竖部有"外拓"与"内撅"两种变化。知道为什么吗？另见65页。

A. 基本笔画——A-8 折

a. 横折

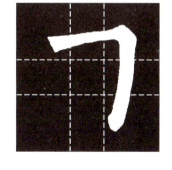

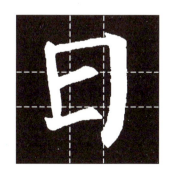

折
书写要点

- 斜切起笔先写横。
- 在横的结束处略停，然后折锋竖下。横轻竖重，竖笔上粗下细。
- 另一种写法是转折处提笔另起，再向下行笔，如"日"字。

想想看看
柳体的"横折"分成两笔写，与楷书中的"竖折""撇折""竖提""横钩"等笔画的换笔现象比较，其共同特点和目的是什么？

b. 竖折

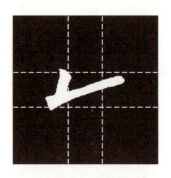

折
书写要点

竖折一般有两种写法：

- 第一种写法，在竖的结束处向左外略提笔，略停后斜切作横部的起笔，如"出"字。
- 第二种写法，完成竖笔后直接折锋向右行笔，如"七"字。

想想看看

仔细分辨范字中两种竖折不同的写法及同一"出"字中上下两个竖折写法的变化。

c. 横撇

折
书写要点

- 起笔：斜切起笔写横。
- 行笔：先横后撇。折部可方可圆，略向外凸。
- 收笔：折笔后向左下撇出，笔画细而遒劲，力量一直贯至笔尖。

想想看看

仔细观察两个范字中的横撇有什么不同？为什么？

d. 撇折

折

书写要点

撇折一般有两种写法：

- 第一种写法，在撇的结束处向撇的左侧外略提笔，笔尖不离纸，略停后直接提笔，如"云"字。
- 第二种写法，在撇的结束处向撇的左侧边轻提笔，稍停后，斜切作横部的起笔，如"去"字。

想想看看

总结一下，类似撇折一种笔画有两种写法的其他折笔还有哪些？它们的共同特点是什么？

e. 撇点

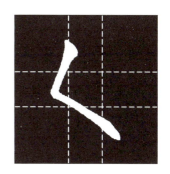

折

书写要点

- 在撇画结束时略折笔后向右下点出。
- 点的收笔处是整字或所在部件的支撑点，点的角度、粗细等形态要根据整字的需要而定。

想想看看

比较两个范字中的撇点有什么不同。想一想，为什么？

1.4　笔画接笔

汉字的笔画美不仅在于其自身形态美（如长短、粗细、方圆、曲直、轻重等变化），还在于笔画与笔画之间的关系美（比如笔画之间的远近、错落、开合、俯仰、向背、呼应等变化）。笔画与笔画之间的空间关系除了构形关系，还有笔画之间如何连接的位置关系。如何处理好一个字当中的笔画之间的相接、相交和相离的三种关系，不仅涉及笔画技法，也关系到字的结构布局，所以它是连接笔法与字法的桥梁。

1.4.1　笔画关系

从空间位置角度来看，汉字笔画、部件之间有相接、相交和相离的三种组合关系（见表1−1）。

表1−1　笔画、部件之间的三种组合关系[17]

组合关系	相接	相交	相离
示意图			
笔画－笔画	人、山、才	十、木、又	小、儿、水
笔画－部件	天、日、千	夫、大、中	文、引、勺
部件－部件	古、老、至	束、申、夷	好、兆、相

我们这里只讨论笔画之间的空间关系，即相接、相交和相离的三种位置关系。显然，如果我们漫无边际地讨论这三种关系是没有意义的，因为每种位置关系都有无数种情况，我们只研究对汉字结构有影响并且与结字法有关的笔画之间的位置关系。

1.4.2　笔画相接

颜真卿《述张长史笔法十二意》将两笔画衔接处称作"际"[20]，要求"似断实连，似连实断"，既要显得连住，又要显得脱开。现分实接和虚接两种情况：

（1）实接法：一笔画起笔或收笔被另一笔画所掩盖，属于面接触或体接触。这一方法像木匠接榫头一样，要把两根木头接得严丝合缝，牢固无比，做成的家具才结实耐用。例如：竖的收笔与横实接（山、上、出）；竖的收笔与提实接（表、衣、良）；横的起笔与竖实接（巨、月、比）；横的收笔与竖实接（非、出、百）；捺起笔与撇实接（念、火、大）；框内无画横包竖（古、宫、品）；框内有画竖包横（日、因、圆）。

（b）虚接法：一笔画起笔或收笔的笔锋与另一笔画相搭，属于点接触或留有间隙，所以称作"虚接"。写出来的效果有空灵之感，它是相接法中的重点技巧，因为大多数习字者都不善于运用此法来表达书法的较高层次的美，其要点在于笔画的尖锋轻起和露锋收笔两种技巧。例如：竖的起笔与横虚接（王、下、午）；竖的起笔与撇虚接（信、千、和）；横的起笔与撇虚接（午、星、年）；横折的起笔与竖点虚接（安、冠、家）；横或横折的起笔与竖或竖撇的起笔虚接（原、匣、圆）；撇的起笔与横虚接（方、云、原）；点的起笔与竖虚接（下、不、迷）；提的收笔与点虚接（云、员）等。

1.4.3 笔画相离

两笔画相互分离，但要笔断意连，这对于增加字的凝聚力和整体感至关重要。除此之外，有时为了调节疏密和笔势相称，也需要笔画分离，分以下几种情况：

笔断意连型相离（小、心、兆）；点不粘横型相离（充、文、衣）；左接右离型相离（日、月、田）；左离右接型相离（恢、永、烟）等。

1.4.4 笔画相交

两个笔画相交并不简单，对书法有意义的相交有如下几种情况：

左长右短型相交（相、挂、秋）；长短随势型相交（左、右、春）；中轴不中型相交（十、木、中）；交点不中型相交（人、文、又）；笔画穿接型相交（才、是、余）；黄金分割型相交（大、米、不）等。其中横与竖相交的共同特点是横笔扛肩，竖笔垂直，遒劲饱满，疏朗稳健（十、古、平）。

1.5 接笔练习指导

下面通过典型的范字实例说明接笔方法，在介绍接笔方法的同时渗透"结字法"概念。

B. 笔画接笔——B-1 实接

a. 竖收与横

实接
书写要点

- 在横与竖笔画交接处，竖画的收笔被横画所掩盖。这一方法像木匠接榫头一样，结实耐用。
- 两笔画的接点处是整字的支撑点，必须牢固以保证结构安稳。

想想看看

观察三个范字中的实接点，其中"山"和"出"二字的接点很实，而"上"字的接点可以差一点。知道为什么吗？这个问题与"主笔"有关。

B. 笔画接笔——B-1 实接

b. 竖收与提

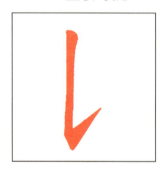

实接
书写要点

- 在竖与提笔画交接处，竖画的收笔被提画所掩盖。
- 两笔画的接点处是整字的支撑点，必须结实。

想想看看

观察三个范字中的实接点，共同特点是什么？为什么？

注意"衣"字的行书笔意。

B. 笔画接笔——B-1 实接

c. 横起与竖

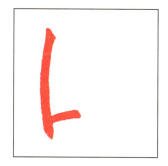

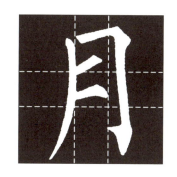

实接
书写要点

- 在竖与横的交接处，横画的起笔与竖画相接，作为字的连接点。
- 一个字中如出现两个或多个连接点，要注意虚实变化。

想想看看

观察三个范字中的连接点有什么不同？"师"字有几个连接点？注意最下面的连接点必须实接。

B. 笔画接笔——B-1 实接

d. 横收与竖

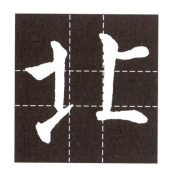

实接
书写要点

- 在横与竖的交接处，横画的收笔与竖画相接，作为字的连接点。
- 一个字中如出现两个或多个连接点，要注意虚实变化。

想想看看

观察三个范字中的连接点有什么不同？再观察一下"出"字中的两个连接点有什么变化？"非"字有几个连接点？

B. 笔画接笔——B-1 实接

e. 捺起与撇

实接
书写要点

- 在撇与捺的交接处，捺画的起笔与撇画相接，作为字的连接点。
- 接点的位置不同，受力大小不同，连接的结实程度也可以不同。

想想看看

　　仔细比较"念"和"火"字撇捺接点的位置、作用和结实程度有什么不同？为什么？
　　提示："念"字的撇捺在字上边，像一把雨伞；"火"字的撇捺在字下面，好像照相机的三角架。

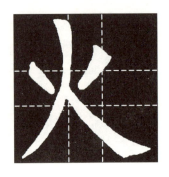
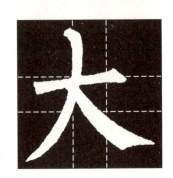

B. 笔画接笔——B-1 实接

f. 横包竖型

实接
书写要点

　　口框末笔的处理方法包括实接和虚接两种情况，之一实接：

- 在口字框内无笔画的情况下，即"口"字的横画封口，横包住竖画，因为整字呈横势。
- 口字横折的收笔与末笔横画实接，字的支撑点。

想想看看

　　你知道汉字中最小的字是谁吗？注意"口"字在下时"左竖"略长即"穿接"，好像柱石一样平稳地支撑上部。

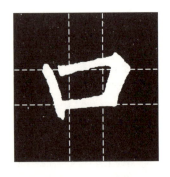

a. 竖包横型

虚接
书写要点

　　口框末笔的处理方法之二虚接：

● 在口字框内有笔画的情况下，如"日"字的竖画要包住横画，因为整字呈纵势。

● 末笔横画的收笔与横折的竖部搭接，属于虚接，因为不是受力点。

书法园地

　　仔细观察：随着口字框内笔画的增加，口字框变长、变大，而且非常匀称，书法上把这一规律称作"内外相称"。注意，由于"目"字形体比较窄，末笔横画与横折的竖部之间的"虚接"不太明显。

b. 竖起与横

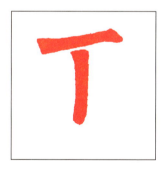

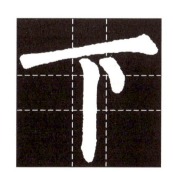

虚接
书写要点

● 竖画起笔的笔锋与横画的画身相搭，属于点接触或留有间隙。

● 运用笔画的尖锋轻起技巧。

想想看看

　　仔细观察范字中的虚接点，你知道它有什么艺术效果吗？能把这些"虚接点"换成"实接点"吗？

c. 竖起与撇

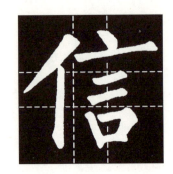

虚接
书写要点

- 竖画起笔的笔锋与撇画的画身相搭，属于点接触或留有间隙。
- 运用笔画的尖锋轻起技巧。

想想看看

　仔细观察范字中的虚接点，能把这些"虚接点"换成"实接点"吗？为什么？

d. 横起与撇

虚接
书写要点

- 横画起笔的笔锋与撇画的画身相搭，属于点接触或留有间隙。
- 运用笔画的尖锋轻起技巧。

想想看看

　观察"年"字，在"下横"收笔处"换笔"成"横"与"挑"的组合，目的是写完"横"去找"竖"，体现"行书楷化"。笔法是一画分成两笔写以增加动感。

B. 笔画接笔——B-2 虚接

e. 横起与竖点

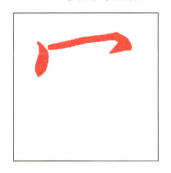 

虚接
书写要点

- 横钩起笔的笔锋与竖点之间留有间隙或点接触。
- 运用笔画的尖锋轻起技巧。

想想看看

仔细观察范字中的虚接，体会一下笔画的尖锋轻起技巧。

B. 笔画接笔——B-2 虚接

f. 横起与竖（撇）

虚接
书写要点

- 横画或横折起笔的笔锋与竖或竖撇之间留有间隙。
- 运用笔画的尖锋轻起技巧。

想想看看

仔细观察范字中的虚接。其中"马"字右侧四个横画的起笔与左侧竖段之间的"虚接"程度有变化，知道为什么吗？另见 67 页的"长"字。注意"马"字的钩尖须包末两点。

g. 撇起与横

虚接
书写要点

- 撇画起笔的笔锋与横画的画身相搭，属于点接触或留有间隙。
- 运用笔画的尖锋轻起技巧。

想想看看

  仔细观察范字中虚接点的位置和变化。

h. 点起与竖

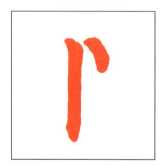

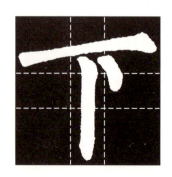

虚接
书写要点

- 点的起笔的笔锋与竖画的画身相搭，属于点接触或留有间隙。
- 运用笔画的尖锋轻起技巧。

想想看看

  仔细观察范字中的虚接点，想想点画对字起什么作用？能把它们的"虚接点"换成"实接点"吗？

i. 提收与点

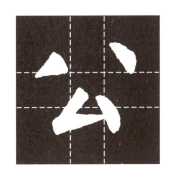

虚接
书写要点

- 提的收笔的笔锋与点画的画身相搭，属于点接触或留有间隙。
- 运用笔画的露锋收笔技巧。

想想看看

　　仔细观察范字中的虚接点和撇折。书法中的撇折有时把"撇"和"提"分成两笔写，但两笔之间一定要实接，尤其是在下面的撇折，如"公""云"字。知道为什么吗？

j. 撇收与撇起

虚接
书写要点

- 撇的收笔与另一个撇的起笔的笔锋之间留有间隙或搭接。
- 运用笔画的尖锋轻起和露锋收笔两种技巧。

想想看看

　　仔细观察范字中的虚接点。想想看，虚接点有什么好处？什么情况下用虚接？斤字边的左下撇宜直，为什么？

a. 笔断意连

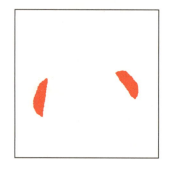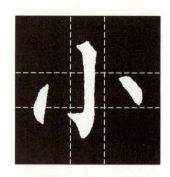

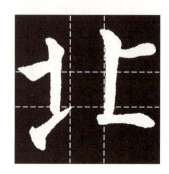

相离
书写要点

- "笔断"指两笔画相互分离，但分离的同时，还要做到两笔画之间的联系、照应，笔断意连。
- 联系的方式有形连和势连两种。"小"字两点之间是形连和势连，形成相向之势；"北"字左右两部件相背而脉络贯通。
- 笔断意连是通过笔势加强笔画之间的联系。

想想看看

　　仔细观察"心"的笔画是怎样"意连"的?

B. 笔画接笔——B-3 相离

b. 点不粘横

相离
书写要点

- 点画要占据一个横的位置，不能粘连到长横。
- 一方面保持上下结构横向笔画排列均匀，否则有缩头耸肩的感觉；另一方面，可增加纵向高度，增加纵势。

书法园地

　　仔细体会"点不粘横"的道理。与此相反，有些字如果纵向的笔画较多或者为了增加字的横势，须降低纵向高度，则"点宜粘横"，如：言、高、方、童等字。

B. 笔画接笔——B-3 相离

c. 左接右离

相离
书写要点

- 方框或两纵向笔画之间的短横与左竖相接与右竖相离，或靠左不靠右。
- 此笔法古人称作"潜虚半腹"，目的是使方框内的空白增多，使气韵流动。

想想看看

仔细观察范字，体会"潜虚半腹"的含义。想想看，如果把中间的短横与左、右竖都接上，会怎样？能写成"左离右接"吗？

B. 笔画接笔——B-3 相离

d. 左离右接

相离
书写要点

- 一个竖画左侧有短横、点（如竖心旁、火字旁、"永"字、"彐"横山），一般与竖画相离，而竖画右侧笔画与竖相接。
- "左离右接"为了留出透气间隙、调节疏密。对于左偏旁而言，"右接"为了让右、内敛；"左离"为了外拓，一收一放，神采飞扬。

想想看看

仔细观察范字，想想看能否写成"左接右离"，为什么？

B. 笔画接笔——B-4 相交

a. 左长右短

相交
书写要点

- 在横竖画相交的左偏旁中，右段缩短以便为右侧部件留出空间。
- 左段伸长外拓与右段内敛形成对比，有利于向中心汇聚。

想想看看

　　仔细观察思考范字中左偏旁"左长右短"的作用，与左偏旁"左离右接"的道理有什么相通之处？

　　比较"左长右短"构型与后面讲的"中轴不中"构型，两种情况的中竖都不在中间，但目的完全不同，你能理解吗？

B. 笔画接笔——B-4 相交

b. 长短随势

相交
书写要点

- 横画与撇画相交时长短变化有两种情况。
- "左"字是撇长横短，取纵势；"右"字是横长撇短，取横势。

想想看看

　　仔细观察思考范字中横与撇的长短变化。想一想"春"字为什么是撇捺长，三横短？提示：从主笔角度考虑。

B. 笔画接笔——B-4 相交

c. 中轴不中

相交
书写要点

- 中轴线是左右对称的对称轴，但是楷书字的"中轴"却不在中轴线上。
- "十"字中竖偏右，"木"字中竖钩的竖部偏左。
- 中轴不中，古人称作"正者偏之"，目的是制造动感，达到"不动之动"的艺术效果[4]。

想想看看

仔细想想唐楷字中的"中竖"，有的偏左，有的偏右，为什么？

B. 笔画接笔——B-4 相交

d. 交点不中

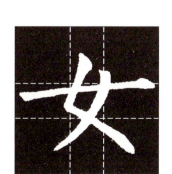

相交
书写要点

- 处于字正中的撇与捺相交时，撇画偏左且笔形收缩，撇与捺的交点偏左。
- "文"的上点与撇捺的交点应上下点对正。
- 目的是把原来"对称"的静态平衡转化为"非对称"的动态平衡且"非"中有"正"。

想想看看

仔细观察范字，能把其中的撇与捺写成左右对称型相交吗？

思考一下"非对称"型操作的意义。

e. 笔画穿接

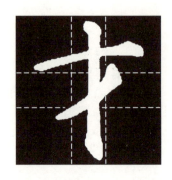

相交
书写要点

- 像"才"字撇画略伸出竖画，即"撇起竖右"书写现象被称作"笔画穿接"。
- "穿接"除了起到"补空"作用，还为了增加字笔画的连贯性和字的动感，例如范字：才、在、馀。

书法园地

　　前面讲过了关于"竖提"的"提起竖左"穿接，结合这里讲的"撇起竖右"穿接，思考一下它们的共同特点和作用。你知道还有哪些"穿接"的字吗？另见36页、85页。

f. 黄金分割

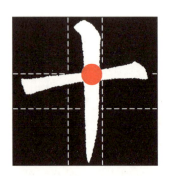
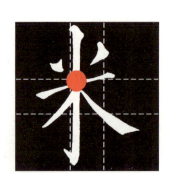

相交
书写要点

- 黄金分割是世界上最美的比例。"十"字横竖的交点将竖画分成上短下长的两段，两条线段的比例大约等于0.618。[17]
- 范字的横与竖的交点在黄金格的上线上，"竖"画被分成纵向上短下长的两段，其比例也大约等于0.618。

想想看看

　　仔细观察每个范字，找出相交成黄金分割点的两个笔画，它们的交点都在黄金格的上线上。

2 主笔

2.1 主笔概述

什么是主笔？主笔是一个字的主要之笔，主宰之笔，关键之笔。主笔可喻作一出戏的主角，一幅画的主体，即最突出、最精彩、最引人注目的那一笔画。主笔也可喻作山的主峰，水的主流，千军万马的主帅，即具有引领、统帅作用，决定全局成败的那一笔。古人对主笔多有论述，譬如清代刘熙载《艺概·书概》云："画山者必有主峰，为诸峰所拱向；作字者必有主笔，为余笔所拱向。主笔有差，则余笔皆败，故善书者必争此一笔。"[20]清代朱和羹《临池心解》云："作字有主笔，则刚纪不絮。写山水家，万壑千岩经营满幅，其中要先立主峰。主峰立定，其余层峦叠嶂，旁见侧出，皆血脉流通。作书之法亦如之，每字中立定主笔。凡布局、势展、结构、操纵、侧泻、力撑、皆主笔左右也。有此主笔，四面呼吸相通。"[20]两者均以画理喻书理。

汉字的艺术美，主要表现在笔画美和结构美两个方面，结构美依赖于笔画美。字的笔画组成了这个字，字的结构由其自身构成来决定。很显然，字的笔画与结构之间存在着内在的、必然的联系。两者相互依存、相互联系、相辅相成，融为一体。表面上看，笔画要服从结构，实际上，笔画对字形结构起着定型的作用。不是规定好结构再去安排笔画，而是根据每个字的笔画去合理设计、营造结构。汉字中的每一笔画，特别是主要笔画对结构不是盲目地服从，而是根据主笔的类型、特点和位置合理安排主笔，发挥主笔的重要作用。对汉字间架的安排，很大程度上取决于对主笔的处理，必须主笔优先，突出主笔，而不能平均使用力量。只有这样才能主次分明，结体俊美而不平庸。

为了写好主笔，自然需要知道主笔在哪里。一般根据书写时的"字感"认定某字的主笔，但由于人们（包括书法教师）对某字的主笔理解常有二致，所以在实际书写过程中如何突出主笔，如何判定主笔就不免见仁见智，尤其是对于初学者就难得其要领了。

为了确定一个字的主笔，首先要认识主笔的作用。一般而言，构成字的骨架或在字中起覆盖、承载、支撑、贯穿、平衡或包孕作用的笔画，多为主笔。如表2.1所示"言"的上横、"念"字的撇捺、"宫"字的横钩对下起到覆盖、盖下的作用；"三"字的下横、"思"的卧钩、"逢"字的平捺和"然"字的四点对上起到承载、托上的作用；"中"字的中竖起到贯穿作用；"不"的下竖对上起到支撑作用；"制"字右竖钩对字起到平衡作用；"同"字的横折钩和"风"字的横折弯钩对字心起到包孕作用，"安"字的中间长横和"谷"字的中间撇捺对字起到横担、趁下、挺中的作用等等。其次从形态上看，凡厚实、长大、舒展的笔，多为主笔。有的笔画虽不是影响重心的主笔，但决定着态势，也要视同主笔。欧阳询《结体三十六法》[6]中"小成大"结体原则就是指最小的笔画有时照样可以作主笔，起到画龙点睛的大作用，"传神全在小中收"，如"兵""令""冬""寒""太""欠""戈"字的末点。

一谈到"主笔"，通常不分独体字还是合体字都一概而论。严格地讲，"主笔"是相对独体字而言的，因为独体字是由笔画构成的，在诸多笔画当中有一个起主要作用的"笔画"，被称作"主笔"；对于合体字来说，它是由部件组成的，在若干个部件当中有一个起主要作用的"部件"，被称作"主要部件"，简称作"主部"，而在"主部"当中蕴含一个"主笔"。一个字内主笔不一定是一个笔画，有时是几个笔画组合，是"集体领导"，体现"组合作用"，比如，"只、照、然"字的组合点是主笔，对字起到支撑的作用，"念"字的撇捺组合对下面部件起到覆盖作用。

应用"主部"的概念，我们可以找到合体字的"主笔"在哪里。除了独体字的主笔外，合体字的主笔都存在于"主部"之中，比如"雷"字的主笔横钩存在于"雨字头"之中，"故"字的主笔斜捺圄于右偏旁"攵"之中。有了"主部"的概念，很容易将主笔、主部与合体字的结构建立了联系，因为"雷"字是上下结构，特点是"上占地步"，即上部占主要地位，是该字的主部，包含主笔；同样，"故"字是左右结构，特点是"右占地步"，或按照"左收右放"的原则，右边是主部，于是便找到了确定合体字主笔的线索。首先要找到合体字的"主部"，根据"主部"的作用很容易确定"主笔"。一般来说上下结构，有起承载作用字底的主部在下，如"然""类"字。有起覆盖作用字头的主部在上，如"雷""春""登"字；上中下结构，有起横担作用笔画的主部在中间，如"喜""黍""攀"字；左右或左中右结构，多数主笔在右侧（如：故、林、街、到），少数情况下主笔却在左侧，即当右侧遇到横向收缩笔画而左侧却有纵向伸展笔画（如：和、知、如、妇、怕、阳、相、积、程、职、轻、径、德）；包围结构主笔都在外框，比如"病"字的主笔是左长撇。左下包结构，如"运""建""题"字的主笔是走之框或建字框中的平捺。

表 2.1　主笔的种类、位置及其作用

上长横起覆盖作用	中长横起平衡作用	下长横起承载作用
中间竖起贯穿作用	中间下长竖起支撑作用	右侧长竖钩起平衡作用
上部撇捺起覆盖作用	中间撇捺起平衡作用	下部平捺起承载作用
卧钩起承载作用	上部横钩起覆盖作用	横折弯钩起包孕作用
下部四点起承载作用	左撇和上横起包孕作用	横折钩起包孕作用

总之，主笔不但是汉字结构中一个重要概念，也是书法中一种重要技法，尤其是篆、隶、楷书的主笔至关重要。主笔有四个主要功能及特点：（1）占有影响重心的重要位置，起一字的主体支撑、覆盖、平衡、贯穿或包孕等作用；（2）通常笔画长大、粗重，不仅是简单地写好主笔，更需要主次配合，是书写难度最大的一笔；（3）表现力最强，影响力最大，决定全局的关键一笔。一幅作品之中如果一个字主笔失败会导致通篇失色。（4）在一个字中"主笔"是老大，但在一幅作品中主笔应顺从幅势（或章法）。比如一幅作品呈横势，字的纵向主笔竖画要与章法横势相称，尽量不与作品的横势相垂直，竖画应稍倾斜或弯曲，且不宜过长，防止出现"直则无力"的弊病。这就是颜真卿《述张长史笔法十二意》[20]中"直者从"于横所蕴藏的笔法奥秘。

2.2　主笔判定原则

至此我们可以总结字的主笔、主部与结构的关系：独体字是由一个主笔和若干个从笔组成。合体字是由一个主部和一个或几个次部组成。合体字的主笔蕴藏在主部之中。原则上讲，横、竖、撇、捺、提、点、钩、折八种基本笔画都可作主笔，这样讲似乎比较笼统，下面利用字中笔画有伸有缩的特点来分析主笔，并给出判定主笔的六项原则：

（1）八种基本笔画在构成汉字时有伸有缩，可分成伸展性笔画和收缩性笔画两大类，主笔通常是伸展性笔画，但有的收缩性笔画可以组合起来，比如"四点底"；主笔的形式，不仅是单一笔画，也可以是组合笔画，以体现其不可拆分的组合作用，例如撇捺、横竖、横撇组合，比如"全"字中撇捺的覆盖作用，"华"字中横竖的支撑作用，"黑"字中四点底的承载作用，"庆"字中横撇的包孕作用。

（2）伸展性笔画分成横向伸展、纵向伸展和斜向伸展三种类型。比如横向伸展笔画有长横、横钩、卧钩、平捺、横长的横折等；纵向伸展的笔画有长竖、竖钩、竖弯钩、竖长的横折或横折钩；斜向伸展的笔画有撇、捺、斜钩。通常一个字之中的伸展性笔画作主笔。如果出现几个伸展性笔画，再挑选出起主要作用的伸展性笔画作主笔，比如"冠"字下面的竖弯钩作主笔，"安"字的中间横作主笔，"制"字的右竖钩作主笔。

（3）独体字根据字中的伸展性笔画的特点及其在字中起到的主要作用可直接判定主笔，比如"言"字的主笔是上长横，"中"的主笔是中竖，"头"字的主笔是竖撇。

（4）上下结构（包含上中下结构）的合体字由于上下部件的纵向避让而收缩，造成横向伸展笔画作主笔的机会比较多，比如"京""青""意""喜"字中的长横作主笔；"全""会""李""春""支""变"中的撇捺作主笔；"官""学""堂""带"字中的横钩作主笔。但是上下结构中也会出现纵向伸展笔画作主笔的情况，要仔细比较、分析，比如"常"字是横钩作主笔还是竖画作主笔？如考虑到对纵势的贡献和竖画的支撑作用，可选竖作主笔；类似问题，如"市""节"二字中横和竖谁作主笔？

（5）左右结构（包含左中右结构）的合体字由于左右部件的横向避让而收缩，造成纵向伸展笔画作主笔的机会比较多，并且根据"左收右放"原则，右侧出现主笔的机会比左侧多，比如"林""伟""外""制""到""那"诸字中右侧的竖或竖钩作主笔，然而"和""知""如""妇""归""怕""阳""相""积""程""职""轻""径""德""烟"诸字的主笔在左侧；如果左右结构的右侧"主部"的二级结构是上下结构，也会出现横向伸展笔画作主笔的情况，比如"清""海""温"三字的主笔是"横画"；"给""路""险"三字的主笔是"撇捺"；"演""捞""滑"三字的主笔是"横钩"。

（6）包围结构的主笔在外框，根据外框的体势确定具体主笔，比如"左"字的主笔是左撇，因为其左上包框是"横短撇长"呈纵势；"右"字的主笔是长横，因为其左上包框是"横长撇短"呈横势；"因"字的主笔是横折；"画"字的主笔是竖折。如果合体字的二级结构部件是包围结构，情况就不同了，如"烟"字的右侧部件即二级结构是包围结构须收缩，所以主笔是左侧的长撇。又"如"字的主部是"女字旁"，但主笔却不再是"横画"，也不是"撇点"。

2.3　主笔练习指导

要想把楷书写得有生气，耐人寻味，就要写好主笔。写好主笔的关键在于掌握字的主笔与从笔的关系及其配合技巧。一方面，要学会如何突出主笔，好像"敬老爱幼"；另一方面，又要懂得从笔如何避让，好像"文明礼让"，以便更好地突出主笔，两者的共同目的都是为了整体和谐。任何一个字都有主笔。按照八种基本笔画作主笔的规律，总结出八类主笔构型，下面通过具体范字说明各种"主笔构型"如何突出主笔，如何避让主笔的方法。

a. 上部覆盖

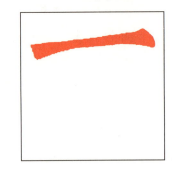

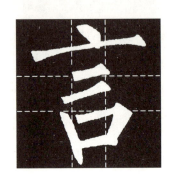

长横
位置和作用
　　长横在字的上部，对下起覆盖作用。

主笔技法
　　以长横为天穹且下无横向伸展笔画，上放下收，以求平稳，外形轮廓成倒梯形。

想想看看
　　观察范字中的横画都不水平，而是"左低右高"，为什么？记住"言"字三横长短的写法，学习书法要讲究规矩，不可任性。

b. 中部平衡

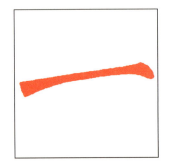

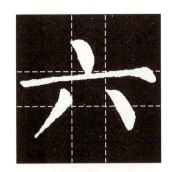

长横
位置和作用
　　长横在字的中部，对上下起横担、挺中、平衡作用。

主笔技法
　　让中间长横尽量伸展，而上下宜略窄，既均匀平稳又端庄雄伟，外形大体成菱形。

想想看看
　　仔细观察中横的平衡作用。"安"字的宝字盖在这里要收缩、避让，因为中长横是主笔，你能明白这个道理吗？

c. 下部承载

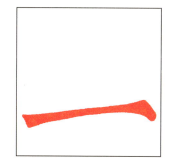
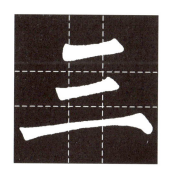
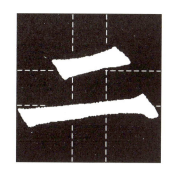

长横
位置和作用

　　长横在字的下部，对上起到承载、托上作用。

主笔技法

　　以长横为地隆，上收下放，下部横向舒展，像承载万物的大地，外形呈梯形。

书法园地

　　上下有横画的字，有两个特点：一是上短下长，为避免形态重复，又上仰下俯、粗细变化；二是上下横画中间的竖画向左倾斜，如"工""五"二字，以避让长横，取横势。

d. 横长竖短

长横
位置和作用

　　主笔横画可在上、中、下不同位置，作用同前。

避让方法

　　横长竖短，即竖让横。为突出横画主笔将竖画缩短或稍倾斜，使字呈横势，横细竖粗。

想想看看

　　观察三个范字中"横"与"竖"两笔，一定要明确主笔，才能确定"长与短"及"伸与缩"的关系，它们的共同点都是横做主笔，且横长竖短，但主笔作用不同点是什么？

A. 横——A−1 长横

e. 横长撇短

长横
位置与作用
长横在上起覆盖作用，如"右、有"二字；长横在中间起平衡作用，如"女"字。

避让方法
为突出横画，将撇画缩短，"画长而腕转其撇"。特点是横笔抗肩，撇笔遒劲。注意笔顺是先撇后横。

想想看看
仔细观察三个范字中横画作主笔的位置和作用有什么不同？字的体势有什么不同？

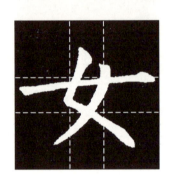

B. 竖——B−1 悬针竖

a. 贯穿支撑

悬针竖
位置和作用
字的中竖起到顶天立地的贯穿作用；中竖在字的下部起到支撑作用；长竖在右侧起到平衡作用。

主笔技法
悬针竖一定是字的最末一笔，且多见于中间，一字中最多只能用一次，锋芒外露有韵致。

想想看看
观察"十"和"中"字的中竖都不在"中轴"线上；"常"字的上面的短竖与下面的长竖要对正，但两竖画的连线也不在"中轴"线上。为什么？
另见45页。

B. 竖——B－2 垂露竖

a. 贯穿支撑

垂露竖
位置和作用

字的中竖起到顶天立地的贯穿作用；中竖在字的下部起到支撑作用；长竖在右侧起到平衡作用。

主笔技法

垂露竖可用于一切竖画，包括末笔竖画。如果不是末笔中竖或非末笔竖画用垂露竖更见骨力。

想想看看

比较悬针竖与垂露竖的形态和作用。

你知道什么情况下用悬针竖，什么情况下用垂露竖吗？

B. 竖——B－3 横竖组合

a. 支撑平衡

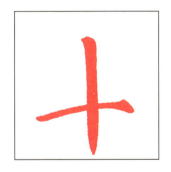

横竖组合
位置和作用

横竖垂直相交在字的中部或下部起到支撑作用。横笔抗肩，竖笔垂直。

主笔技法

如横竖在中部为突出纵势，须竖长横短；如在下部为突出横势，须横长竖短。

想想看看

仔细观察范字，横竖组合作主笔，什么情况横长竖短？什么时候竖长横短？长短都一样行吗？

B. 竖——B-3 横竖组合

b. 竖长横短

 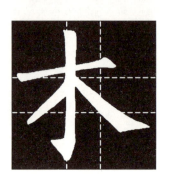

横竖组合
位置和作用

横竖垂直相交在字的中部或下部起到支撑作用。横笔抗肩，竖笔垂直。

避让方法

横让竖（包括竖钩、竖撇），横短是为了让竖画伸展，增强长短对比效果；竖长是为了突出竖画主笔，使字呈纵势；竖长横短也为撇捺伸展提供了空间，即"画短直长撇捺宜伸"。

想想看看

仔细观察范字中的横竖笔画关系，横与竖笔画的交点在横的正中吗？为什么？

C. 撇——C-1 竖撇

a. 支撑

竖撇
位置和作用

位于字的中部或侧面，起到支撑作用。

主笔技法

按照竖撇的写法，突出纵势。当左撇与右点组合起到支撑作用时，右点不要和左撇靠得太近，如"矣"字。

想想看看

仔细观察范字"如"的主笔。独体字"女"字的主笔是长横，但在合体字作偏旁时，则变成"竖撇"作主笔了，知道为什么吗？

C. 撇——C–2 斜撇

a. 承载覆盖

斜撇
位置和作用

位于字或部件的下部对上起承载作用；位于字的上部对下起覆盖作用；位于字的中部起平衡作用。

主笔技法

当斜撇作主笔承载上面部件时，上部紧凑，下部横向舒展，如"少"字；当斜撇覆盖下面部件时，下部紧凑，斜撇横向舒展，如"在"字。

想想看看

仔细观察思考范字中斜撇的位置和作用。"名"字的斜撇起什么作用？

C. 撇——C–3 撇横组合

a. 包孕

撇横组合
位置和作用

位于字的左上方与短横组合构成左上包外框，起到包孕作用。

主笔技法

上部偏左者，应使下部偏右；因字心较大、笔画较多，所以字框笔画不宜太粗，字心向右探出，做到"包中有放"，以便字框与字心配合相称。

想想看看

观察三个范字中字框的撇画倾斜角度有什么不同？与其字心的变化有什么关系？

C. 撇——C-3 撇横组合

b. 撇长横短

撇横组合
位置和作用

位于字的左上方与短横组合，对字起包孕作用。

主笔技法

字中有长撇无长捺时，撇画尽量伸展。为突出主笔撇画，横画缩短以避让，即"画短而斜硬其撇"[6]。

想想看看

仔细观察范字中主笔长撇与次笔短横的关系。为了突出主笔要做两件事：一是突出主笔，伸展；二是次笔避让，收缩。与前面"横长撇短"比较，"左"与"右"二字笔顺不同，所以形势上也不同。

D. 捺——D-1 斜捺

a. 平衡

斜捺
位置和作用

位于字的右侧或右下，斜捺作主笔起到平衡作用。

主笔技法

斜捺作主笔向右下方伸展，对整字起到平衡作用。主笔需要其他笔画的避让才能获得足够的伸展空间，比如撇让斜捺。

想想看看

仔细观察范字中斜捺的形态变化：画身长度、倾斜角度、弯曲程度、捺尾的形态等。

D. 捺——D - 2 平捺

a. 承载

平捺
位置和作用
位于字的下部平捺作主笔起到承载作用。

主笔技法
以平捺横向笔画为地隆，上轻下重，下部横向舒展，像承载万物的大地。

书法园地
仔细观察范字"逢"字的字心"夆"字的折文头"夂"的捺画写成反捺。一是为了突出主笔平捺作出的避让，二是为了避免笔画重复，防止呆板，书法上称作"避重捺"。注意"走"字的篆书笔意。

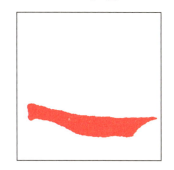

D. 捺——D - 3 撇捺组合

a. 上部覆盖

撇捺组合
位置和作用
撇捺组合位于字的上部，对下面的部件起到覆盖、盖下作用。

主笔技法
撇捺组合作主笔，横向伸展为天穹，上部像一把伞覆盖下部，下部要上靠，以求紧凑、平稳。"念"字的卧钩不能太伸展，防止与主笔相争。

书法园地
仔细观察范字中的撇捺组合作主笔的位置和作用。撇与捺张开的角度与下面部件笔画的多少和形体有关系，你能分析出来吗？

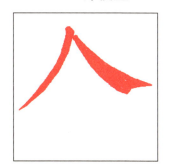

D. 捺——D-3 撇捺组合

b. 中部趁下

撇捺组合
位置和作用

撇捺组合位于字的中部，两边贵在平展，如鸟之舒翼，对下部件起到趁下、挺中作用，对整字起到平衡作用。

主笔技法

撇捺在中间伸展，上下宜略窄，既均匀平稳又端庄雄伟，整字外形呈菱形。

想想看看

仔细观察范字中撇捺组合在字的中间起到的趁下作用。

D. 捺——D-3 撇捺组合

c. 下部承载

撇捺组合
位置和作用

撇捺相交位于字的下部，对上部件起到支撑作用。

主笔技法

撇捺的交点要与上面的对应笔画对正，即交点对正（如"文"的上点与撇捺交点对正）；为突出主笔斜捺，要撇弯捺直、撇短捺长，以让捺；撇与捺的交点要偏左，以增加动感。

想想看看

仔细观察范字中撇与捺的交点都偏左，知道为什么吗？

D. 捺——D-3 撇捺组合

d. 撇让斜捺

撇捺组合
位置和作用

捺画位于字的右侧起平衡作用。

主笔技法

撇画与捺画组合在一起，捺画作主笔。一方面写好捺画，适当伸展，起到捺画的主笔作用，另一方面为了突出主笔需要撇画避让，为捺画让出伸展空间，审美上起到主次对比作用。

想想看看

仔细观察范字，本来都是左右对称的汉字，为什么都写成"正者偏之"？

E. 钩——E-1 竖钩

a. 支撑贯穿

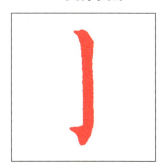

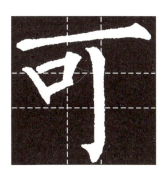

竖钩
位置和作用

竖钩在字中间起到顶梁柱的支撑作用，在两侧起到贯穿和平衡的作用。

主笔技法

"木"字的竖钩作主笔，字形呈纵势，竖钩不在字的正中而是偏左，左撇收，右捺放；"可"字的主笔是竖钩，上横不宜太长。

想想看看

仔细观察"木"的主笔是竖钩而不是撇捺；"可"字的主笔是竖钩而不是上长横，从中体会一下"竖钩"作主笔的地位。

a. 上部覆盖

横钩
位置和作用
　横钩位于字的上部，对下部起覆盖、盖下作用。

主笔技法
　上部横钩作主笔，横向伸展为天穹，对下起覆盖作用，下部笔画收缩以避让，整字外形呈倒梯形。

书法园地
　仔细观察范字中横钩的位置及对下的覆盖作用。为了突出主笔横势，尚字头一定要扁，上面的短竖可以稍偏左但要与下面对应笔画对正，另见125页。

b. 中部平衡

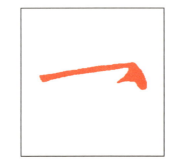

横钩
位置和作用
　横钩位于字的中部，对字的上下起到横担、挺中作用。

主笔技法
　中间横钩伸展，而上下宜略窄，既均匀平稳又端庄雄伟，外形呈菱形。

书法园地
　仔细观察范字中横钩的平衡作用。注意"崇"字的"山"字头要写得扁小以对下避让，也可写成偏斜，以构成"斜与正""动与静"的对比，把字写得生动。

E. 钩——E-3 斜钩

a. 平衡

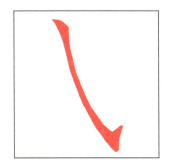

斜钩
位置和作用
斜钩位于字的右侧对字起到平衡作用。

主笔技法
斜钩形窄而长，外柔内刚。弯中带直，中间稍细，正上方出钩。斜钩作主笔的级别仅次于竖弯钩，斜向伸展突出斜势，靠近中宫内敛外拓。

书法园地
仔细观察范字中主笔斜钩的形态和作用。斜钩常用于"戈字旁"，如"我""成"二字，斜钩勿粗，撇笔勿坠，提钩收放依字形而定，各臻其妙。

E. 钩——E-4 卧钩

a. 承载

卧钩
位置和作用
卧钩位于字的下部，对上起到承载作用。

主笔技法
当字的上方没有人字头、大字头等绝对覆盖型字头时，下部的卧钩作主笔，以卧钩为地隆，横向舒展，像承载万物的大地，上轻下重，上部紧凑。

想想看看
细心观察卧钩作主笔的形态和作用。想想看这里的范字为什么不能挑选"念"字？它的主笔还是卧钩吗？

a. 平衡支撑

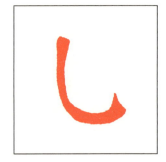

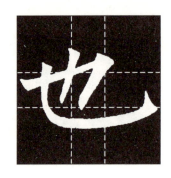

竖弯钩
位置和作用

竖弯钩位于字的下部，对上起到支撑作用；竖弯钩位于字的右侧，对字起到平衡作用。

主笔技法

竖弯钩起笔后行笔略左偏，转弯要及时，不能一味下拖，转弯之后横向放开拉长再上钩，放纵宽大，映带回环。

想想看看

仔细观察竖弯钩作主笔的形态和作用，体会一下它是伸展能力最强的主笔，超过横、竖、撇、捺及横钩。为什么？

b. 让竖弯钩

竖弯钩
位置和作用

竖弯钩作主笔伸展能力最强，其他笔画都要对它避让。

避让方法

竖弯钩作主笔，钩上的横画应左低右高，取斜势，且位置偏左，不能写得很平很长；与左撇搭配时，撇应收缩，不要长而弯。撇与竖弯钩的竖部相交时，撇稍伸出或不伸出。

想想看看

仔细观察范字中的横画和撇画对竖弯钩主笔避让的两种方法。

a. 包孕

横折钩
位置和作用

横折钩位于字或部件的右上部构成右上包字框，对整字或部件起到包孕作用。

主笔技法

字框长的字，左右两竖（包括竖钩）宜竖直（如"司""同"字）；字框短的字，左右两竖向里收（如"尚""向"字），可概括为"长直短收"。

想想看看

仔细观察范字中横折钩的形态和作用。"尚"字的右竖部既"向里收"，又"向外拓"，但意义不同，你知道吗？另见29页。

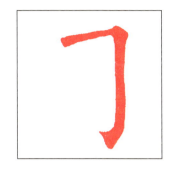

b. 撇让横折钩

横折钩
位置和作用

横折钩位于字的右上部，构成右上包字框，对字心起到包孕作用。

主笔技法

横折钩起笔处与撇相接或字框内含有撇的情况下，一方面撇画要收缩，不宜过长，表示对横折钩的避让，另一方面横折钩的竖钩段稍向左倾斜，表示与撇画的斜势相称。还要注意"旬""勿"二字与撇连接的横段不宜长。

书法园地

仔细观察横折钩的竖钩段的各种形态：内撇，如"月"字；外拓，如"尚"字。还有的竖直，有的向左斜，你能找出范字吗？

E. 钩——E-7 横折弯钩

横折弯钩
位置和作用
横折弯钩位于字的右侧，对字起到平衡作用。

主笔技法
横画段起笔自左向右取斜势，横笔抗肩，竖画段向左内撇，其弯曲程度与左侧部件笔画多少有关：笔画少弯曲程度大，笔画多弯曲小。钩向右上。

书法园地
横折钩与左撇组成"风"字框，横笔抗肩，左缩右展，因其左右呈现相背之势，所以又将其称作"背抛钩"。

a. 平衡

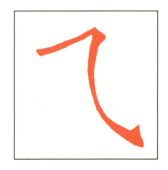

F. 折——F-1 横折

横折
位置和作用
横折位于字的右侧，对字心起到包孕作用。

主笔技法
横折的折笔分"方折"和"圆折"两种。横折构成口字框时，字框宜收小一廓，围而不堵，长直短收，左竖短细，右竖长粗。另见29页"横折"部分。

书法园地
"口"字外形最小，如以"口"字为基准内部每增加一横或一竖，外形轮廓就会适当加宽或加大，如"四""田""围"三字，体现了字的外形"疏者宜小""密者宜大"的"包容相称"原则。

1a. 包孕

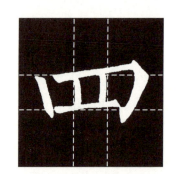

F. 折——F-2 竖折

2a. 包孕

竖折
位置和作用
竖折位于字的左下，构成左下包字框，对字心起到包孕作用。

主笔技法
竖折与上横组成左三包字框时，竖折的左竖段的向背要与字心外侧笔画的向势相称，如"匹""巨"字；竖折与右竖构成下三包字框时，左右两竖的向外倾斜程度应与字心笔画多少相称，如"幽""山"字；

想想看看
仔细观察范字中主笔竖折。想一想在包含竖折的下三包字框中，左右两竖的长短、倾斜程度与字心笔画多少的关系？

G. 提——G-1 竖提捺

1a. 支撑

竖提捺
位置和作用
竖提与捺组合位于字的下部，对上部起到支撑作用。

主笔技法
斜捺与竖提配合，竖提下伸，斜捺右展，像人走路一样，一脚着地（竖提底），一脚翘起（斜捺尾），底端不能齐平，以增加动态感。

想想看看
想想看如果把范字中的竖提和斜捺的底端都写在一条水平线上，就像人的两只脚着地静止站立一样，能有运动的感觉吗？

H. 点——H-1a 四点组合

1a. 承载

四点组合
位置和作用
　　四点组合位于字的下部作主笔，起到承载作用，左右两点为支撑点。

主笔技法
　　横向平列四点均匀分布，相互照应，笔断意连，形态各异，不可排列呆板如棋子。行书中书为三点，也可简化为横。

想想看看
　　细心观察范字中四点组合的形态和"集体"领导作主笔的作用。其中左右两点是整字的受力点，注意形态和轻重变化。

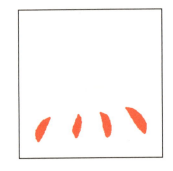

2.4 主笔统计规律

　　根据 GB2312 楷体 1000 常用字对八种基本笔画：横、竖、撇、捺、钩、折、提、点，作主笔的统计分布结果见图 2-1。对六种主笔作用：平衡、支撑、承载、覆盖、贯穿和包孕，作统计分布结果见图 2-2[23]。

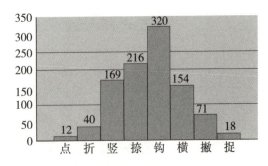

图 2-1　1000 常用字主笔笔画统计分布

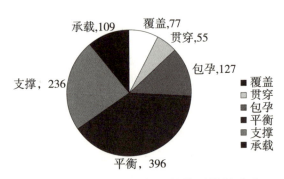

图 2-2　1000 常用字主笔作用统计分布

　　由此得出楷书主笔的统计规律如下：

68

横、竖、撇、捺、钩、折、提、点八种基本笔画任何一个笔画都可作主笔，排前四名的是钩、捺、竖、横，其中钩画作主笔的字数最多，作主笔的优先级最高。难怪人们常用"锦心秀口"描写李太白的诗篇，用"铁画银钩"描写王羲之的书法，足以说明钩画已成为表达楷书风格的标志性笔画，笔者的研究结果为此提供了理论支持。

各种主笔对字的作用归纳为六种类型，按其作用大小排序是平衡、支撑、包孕、承载、覆盖和贯穿，这一统计结果和书家千百年来的书法实践经验和感悟是一致的。

另外，借谈"主笔统计规律"之机，说一下楷书笔法统计。本书有几处谈到"行书楷化"（见第38、75、113、128页），不仅是柳体，欧体和颜体也有类似的现象，尤其是对赵孟頫的楷书疑问最大——这是楷书吗？其书笔画灵活，行笔流动，简直就是行书，所以这里提出"行书楷化"的问题，就是将行书的写法以楷书的笔画固定下来，其中最有代表性的例子是欧体的"三点水"：虽然仍是各自独立的三画，却不是通常楷书的两点一提，而是两撇一提。走的是行书的行笔路线，表现的是行书的笔画特征。了解"行书楷化"是怎么回事，当你楷书练到一定程度再写"行书楷化"的字时，就有意加入一些连带与流动，会提升为"行书味楷书"，以便把楷书写"活"。其实，对于这种情况启功先生早有高论："写行书要用楷书法，写楷书要有行草意。"欧体楷书最易写死，欧阳询在其楷书中使用了大量"行书楷化"的笔法，可能也有"变死为活"的目的。因此临摹楷书时，如果能把这个问题想明白，也许就找到了一条把字写活的路径。

顺便指出，启功先生的上述高论还蕴含着"笔法融合"的重要思想，可以扩展到"真、行、草、隶、篆"的相互融合、"魏晋楷书与唐代楷书"的融合、"金石碑帖与真迹手稿"的融合、"同一名家早、中、晚不同年代作品"的解析等不同书体、不同笔法和不同时代"理、法、意"的融合[26]等等，不仅为书法临摹丰富阅历、滋润学养，以便触类旁通各种书道的哲理，更能为书法创作积累文化底蕴、舒展性情，从而才能达到人书俱老的至高境界。

3 间架

3.1 启功结字黄金律

黄金分割（Golden Section）是世界上最优美的比例之一，定义为将一线段分成不相等的两段，使较短线段（a）与较长线段（b）的比等于较长线段与整个线段的比 $a/b = b/(a+b) = 0.618$，它具有严格的比例性、艺术性、和谐性，蕴藏着丰富的美学价值和广泛的应用价值，比如建筑、绘画、美术、工程技术等许多行业。20世纪80年代启功先生率先用黄金比例来揭示汉字结体中的比例和谐之美。

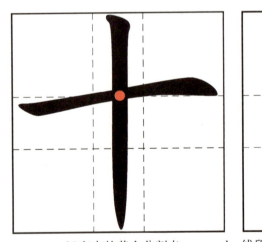

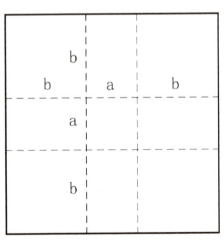

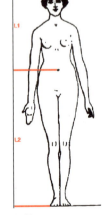

a. 汉字中的黄金分割点　　b. 线段比例 $a/b = b/(a+b) = 0.618$　　c. 人体 $L1/L2 = 0.618$

图 3-1　黄金分割比例及其应用

启功先生发现的结字黄金律将西方数学黄金比率和东方书法艺术联系起来，为科学与艺术相互融合树立了典范，为我们继承、弘扬中国书法艺术提供了一种创新思路，是打开汉字结构奥秘之门的一把金钥匙，是自从隋唐以来对汉字结构规律最深刻、最精辟的概括和总结，比元代陈绎曾的"八面点画皆拱中心"的"中宫说"更加准确和科学，无论是对文字学汉字结构规律的认识，还是对书法艺术结字规律的运用都具有非常重要的指导意义。启功在《楷书概论》中将结字黄金律归纳为：

● 结字为上原则："从书法艺术上讲，用笔与结字是辩证的关系，但从学习书法的深浅阶段讲，则与赵氏相反。"启功先生在论书中还多次提到"轨道"概念，并一再强调"轨道准确"的重要，轨道准确了，结字自然就掌握了。

● 没有真正的"横平竖直"：在楷书的艺术结体中没有绝对的"横平竖直"，横总是斜向右上方，竖画常常出现偏斜或"曲中见直"的现象。

● 各笔之间，先紧后松。后来进一步总结为"三紧三松"，即"内紧外松、上紧下松、左紧右松"。

● 字的整体外形是先小后大：由于先紧后松的关系，结成字也必须呈现先小后大，先窄后宽的现象。

● 重心会聚原则："习字的九宫格或米字格并不准确，因为字的会聚处并不在中心一点或一处，而是在距离中心不远的四角处"，笔者进一步科学验证，汉字的重心分布于黄金格的中心区[1]。

启功结字黄金律的基础是黄金格，因为有关对结字规律的阐释都是以黄金格为参照系的。因此为了科学解析、推广应用结字黄金律，首先分析启功先生发明的黄金格。

1986年启功先生发明了黄金格，见图3－2。通过对唐楷碑帖的研究发现了"A，B，C，D"四个会聚点，"从A到上框或左框是5，从A到下框或右框是8"。笔者优化的黄金格（见图3－3），主要作了两点改进[24]，一是指出了黄金格中的线段比的数学本质或源头：

$$\varphi = a/b = b/(a+b) = (a+b)/(a+2b) = 2/3, 3/5, 5/8, 8/13, 13/21, 21/34, 34/55, \cdots$$

其中比例数列的项数越大，其比值越接近φ的精确值0.618…。数学上将数列：

1，2，3，5，8，13，21，34，55，…称作斐波那契（Fibonacci）数列。

其规律是从第三项起每一项是前两项之和并且其前后项比的极限是φ。启功先生的黄金格选取"3/5"，改进的黄金格选取"13/21"，精度提高了三个等级；二是在黄金格字框的基础上增加了一个外框，以便使字框作为字形限制线，设计原则是字框面积与外框面积之比符合黄金比，即0.618。增加外框的意义在于优化了原来的黄金格，由于增加了一项功能使改进的黄金格成为具备习字格五项功能的理想习字格，有利于推广启功结字黄金律。实际上启功先生在原著图31、图32中示出的"双重方框"，已经指出了"字框"的意义，只是在后面举例中为了突出描述ABCD四个项点中心区将其省略而已。

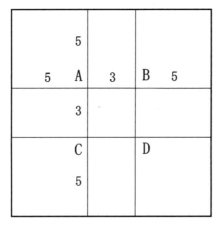
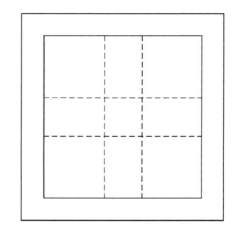

图 3-2　启功发明的黄金格　　　　图 3-3　优化的黄金格

笔者在改进黄金格基础上，选择 GB2312 楷体 1000 常用字对启功结字黄金律做了科学解析和推广应用工作，因为 1000 常用字覆盖率占全部汉字的 90% 以上，而 GB2312 楷体不仅能够代表楷书基本特征，而且字库丰富、代表性齐全。

启功先生发现的"三紧三松"结体原则从空间上看，指出了汉字结构在上下、左右、内外方位的比例关系不是平均的，而是"上紧下松，左紧右松，内紧外松"；从时间上看，是"先紧后松"，因为汉字的笔顺是"先上后下，先左后右"，故"先紧后松"具体表现为"上紧下松，左紧右松"。"先紧后松"的规律包含两层含义：一是指汉字合体字的部件之间要"先紧后松"；二是指合体字部件的内部笔画之间以及独体字的笔画之间，也要"先紧后松"。这是汉字笔画与笔画，部件与部件之间布局的总原则，"掌握了这一点，就是抓住了结体的关键，许多问题就可以迎刃而解"。"写出字来不仅体势舒展，而且能够取得一个合适的透视角度，从而便于布置字面的疏密虚实，增加体势的立体感，避免四平八稳的呆板"[2]。下面应用黄金格解释"左紧右松"和"上紧下松"原则。

（1）左紧右松原则

左紧右松原则是处理左右结构的结字方法，分为左窄右宽、左宽右窄、左右等宽及左中右三分四种情况。在左窄右宽情况下，黄金格的左分界线是汉字结构的参照线；左宽右窄情况，黄金格的右分界线是汉字结构的参照线，见图 3-4。对于左中右结构，黄金格的左、右分界线是汉字结构的参照线；对于左右等分情况，黄金格虽然没有提供参照线，但习字者很容易想象出一条中轴线。从下面的图例可以看出：参照线左边的部件总要比右边的部件写得紧凑，这就是"左紧右松"的含义。

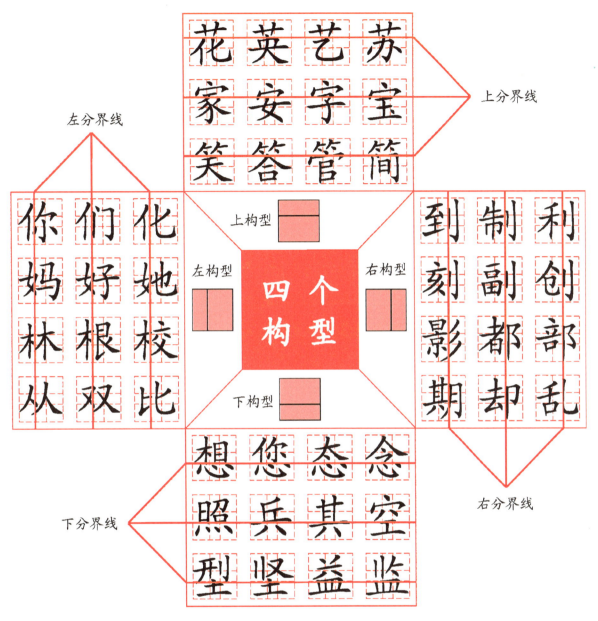

图 3-4　黄金格的分界线与汉字结构的分界线完全吻合

（2）上紧下松原则

上紧下松原则是处理上下结构的结字方法，分为上小下大、上大下小、上下等高及上中下三分四种情况。在上小下大情况下，黄金格的上分界线是汉字结构的参照线；上大下小情况，黄金格的下分界线是汉字结构的参照线，见图 3-4。对于上中下结构，黄金格的上、下分界线是汉字结构的参照线；对于上下等高情况，黄金格虽然没有提供参照线，但习字者很容易想象出一条水平线。从下面的图例可以看出：参照线上边的部件总要比下边的部件写得紧凑，这就是"上紧下松"的含义。

3.2 比例规律及练习指导

启功先生在讲结字法时多次提到"轨道"一词，这一概念源自毛笔影摹的一种方法，用纸覆盖在字帖上用单线笔（硬笔）把每一笔画的中心线勾出，所以叫作"单钩"，而书法练习中的"双钩"方法，是把字的外轮廓全部画出来后填墨，类似描红。单钩、双钩或描红都是突出字的间架结构的习字方法，因此"轨道"一词与"间架结构"异曲同工，其核心思想是突出汉字结构的基本特征。

从间架结构的角度研究楷书结字规律，笔者提出了"间架构型"[23]。书写在纸上的汉字属于一种平面图形，它包含纵横两个方向的比例规律和错落规律两类信息。对于左右结构的汉字来说，一方面要掌握左右部件之间的横向比例规律（横向关系），另一方面还要知道左右部件之间的纵向高低错落规律（纵向关系）；对于上下结构也是如此，不仅要掌握上下部件之间的纵向比例规律（纵向关系），还要知道上下部件之间的横向参差变化规律（横向关系）。

比例规律是楷书结构的基本规律，启功结字黄金律做了精辟阐释，应用黄金格控制比例非常简单，因为黄金格的分界线与汉字结构的分界线完全吻合，展示了黄金格的神奇作用（见图3-4）。为了帮助初学者掌握结字黄金律，首先通过精选的柳体范字讲解"横向比例"和"纵向比例"规律。

A. 横向比例——A-1 左线

a. 左窄右宽

左线
比例特点
　　左右结构的左右部件纵向高度大体相当。横向宽度比例是左窄右宽，符合黄金比，等于0.618。

书写方法
　　黄金格的左分界线恰是范字的左右结构分界线，书写时用来控制左右比例。

想想看看
　　仔细观察左窄右宽构型中的分界线，此分界线将范字分成左窄右宽两部分，且比例等于0.618。注意"收"字的"行书楷化"写法。

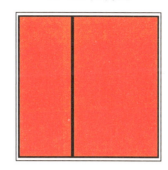

A. 横向比例——A-2 右线

a. 左宽右窄

右线
比例特点
　　左右结构的左右部件纵向高度大体相当。横向宽度比例是左宽右窄，符合黄金比，等于1.618。

书写方法
　　黄金格的右分界线恰是范字的左右结构分界线，书写时用来控制左右比例。

想想看看
　　仔细观察左宽右窄构型中的分界线，此分界线将范字分成左宽右窄两部分且比例等于1.618。

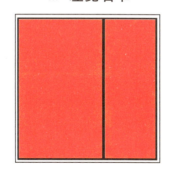

A. 横向比例——A-3 中轴线

a. 左右等分

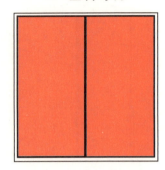

中轴线
比例特点

左右结构的左右部件纵向高度大体相当。横向宽度左右基本相等。

书写方法

黄金格正中想象的中轴线是范字左右部件的分界线。

想想看看

仔细观察范字的结构特点，左侧和右侧部件都有横向笔画，而且伸展程度相当。

B. 纵向比例——B-1 上线

a. 上小下大

上线
比例特点

上下结构的上下部件横向宽窄不等。纵向高度比例是上小下大，符合黄金比，等于0.618。

书写方法

黄金格的上分界线恰是范字的上下结构分界线，书写时用来控制上下比例。

想想看看

观察上小下大构型中的分界线，表示将范字分成上小下大两部分。左右两侧的曲线表示左右宽窄不等。构型特点是什么？

B. 纵向比例——B-2 下线

a. 上大下小

下线
比例特点

　　上下结构的上下部件横向宽窄不等。纵向高度比例是上大下小，符合黄金比，等于 1.618。

书写方法

　　黄金格的下分界线恰是范字的上下结构分界线，书写时用来控制上下比例。

想想看看

　　仔细观察范字中黄金格的下分界线是范字结构的上下分界线。注意"念"字中的"心字底"写得"扁而窄"而在下面的"志"字中却"扁而宽"，知道为什么吗？

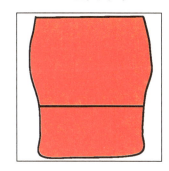

B. 纵向比例——B-3 中分线

a. 上下相等

中分线
比例特点

　　上下结构的上下部件横向宽窄不等。纵向高度比例基本相等。

书写方法

　　黄金格正中想象的水平中分线是范字的上下分界线。

想想看看

　　仔细观察范字中的结构特点。注意"乐"字的"木字底"宜扁，以托其上，横笔勿粗，以利穿插。横与竖钩组合作主笔，起支撑作用。

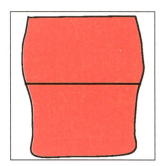

3.3 错落规律及练习指导

如前所述，不同的部件在一起有宽窄、大小、比例的不同。笔画也是一样，相同的笔画在一起要有长短、粗细俯仰等变化。如两个上下相重的横画，应有平有斜，有长有短，有曲有直，有主有次；两个左右相并的竖画，应有伸有缩，有向有背，有粗有细，有藏有露。楷书结体最忌讳过于整齐，一定要使笔画参差不齐，错落有致。正如王澍《论书剩语》所说，"结字须令整齐中有参差，方免姿如算子之病，逐一排比，千体一同，便不是书"。在学会利用黄金格控制字的纵横比例基础上，如何把握字的纵横错落规律呢？下面从纵向错落和横向参差两个方面讨论[23]。

（1）左右结构——"横收纵伸"原则

在左右结构的横向（x 方向）遵循比例规律的条件下，与横向方向正交的纵向（y 方向）字的右侧笔画或部件的高低错落变化规律遵循"横收纵伸"原则：右侧部件的纵向部件或笔画如果属于横向笔画时，则向内收缩；如果属于纵向笔画则向外伸展。比如"什""律"二字的右侧竖画的上端要向上伸展，下端要向下伸展；"社"字右侧的上部是竖，要向上伸展，而下部是横向笔画，要向内收缩；"仁""但"二字右侧部件的上部和下部都是横向笔画，都要向内收缩；"行""阿"二字右侧部件上部是横向笔画，下部是纵向笔画，所以要"上收下伸"，请见图 3-5。

什 律 移 社 秋 仁 但 阿 行

图 3-5 左右结构"横收纵伸"构型例字

这里要解释一下什么是"横向笔画"？横向笔画不仅是横画，包括横、平撇、撇捺的收笔、横折、横钩、卧钩、竖弯钩横向部分等有横向伸展趋势的一类笔画；同理"纵向笔画"不仅是竖画，包含长竖、竖撇、竖钩、斜钩、横折等有纵向伸展趋势的一类笔画。

还应该指出右侧的"横向笔画"和"纵向笔画"都是相对左侧而言的，情况比较复杂，要灵活掌握和运用。比如"移"字，左右两侧的上边都出现撇画，而下边是左竖右撇。由于右边的"多"字属于上下重叠结构，相对左侧的"禾"木旁而言形体偏长，增加了纵向因素，所以右侧的"多"字要写得上下稍长，以体现上下都"纵放"；再比如

"秋"字右侧部件"火"，其上部竖撇的上端是纵向笔画没有问题，但"火"字的下部是撇捺的下脚，分别向左右横向伸展，与左侧偏旁的下端竖钩相比，应当属于横向笔画，所以"秋"字的右侧"火"应写成"上伸下收"与左侧"禾"形成"左低右高"的上下错落态势，以增加动感，请见图3－5。

（2）上下结构——"主笔优先"原则

在上下结构的纵向（y方向）遵循比例规律的条件下，与纵向方向正交的横向（x方向）字的笔画或部件的宽窄参差变化规律符合"主笔优先"原则：运用前面介绍的"主笔构型"方法，判定主笔，让主笔伸展，次笔避让。如"直"字应突出下横主笔，"市"字应突出上横主笔，"安"字应突出中横主笔，"光"字突出竖弯钩主笔等，请见图3－6。

图3－6　上下结构"主笔优先"构型例字

为了帮助初学者掌握楷书"错落规律"，下面通过精选的柳体范字详细讲解"纵向错落"和"横向参差"两类构型。

应当指出，这里介绍的"间架构型"及其他结字构型的目的一样都是为初学者提供掌握结构规律的基本方法，要正确理解、灵活运用，千万不要僵硬地机械模仿。先要"懂法"，"入法"，最后在于"出法"。对于习字格道理亦然，"没有规矩不成方圆"，先要懂得习字格，"选格"，"入格"，然后再"出格"。老子说"道法自然"，天生的东西绝不会都是整齐的，所以要不齐，要不齐之齐，齐而不齐才是美。就书法艺术而言，"有格""有法"业已低了一格，要透过法而没有法，不可拘于法，要得无法之法，方有天趣，然后就可以出神入化了，当然这是书法家最动人的一种境界。

C. 纵向错落——C-1 左窄右宽

a. 上伸下伸

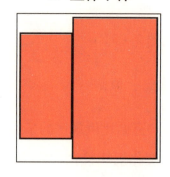

左窄右宽
错落特点

左右结构左右部件的横向特点是左窄右宽；纵向特点是右侧部件上伸下伸，相对左侧部件形成高低错落的态势。

书写方法

用黄金格左线控制范字左右比例；右侧部件上部是纵向笔画，向上伸展；下部也是纵向笔画，向下伸展。

想想看看

仔细观察范字，左侧部件要比右侧部件写得短，为什么？

C. 纵向错落——C-1 左窄右宽

b. 上伸下收

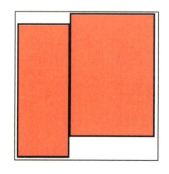

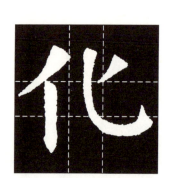

左窄右宽
错落特点

左右结构左右部件的横向特点是左窄右宽；纵向特点是右侧部件上伸下收，相对左侧部件形成高低错落的态势。

书写方法

黄金格左线控制范字左右比例；右侧部件上部是纵向笔画，向上伸展；下部是横向笔画向上收缩。

想想看看

仔细观察范字，左侧部件起笔稍偏下，整体下移，为右侧部件上伸留出空间。

c. 上收下收

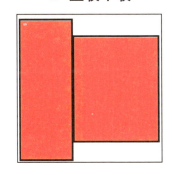

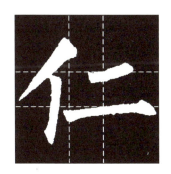

左窄右宽
错落特点

　　左右结构左右部件的横向特点是左窄右宽或者左右等宽；纵向特点是右侧部件上收下收，相对左侧部件形成高低错落。

书写方法

　　用黄金格左线控制范字左右比例；右侧部件上部是横向笔画，向下收缩；下部也是横向笔画，向上收缩。

想想看看

　　仔细观察范字的横向左右比例和纵向高低错落规律。

d. 上收下伸

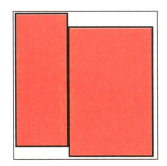

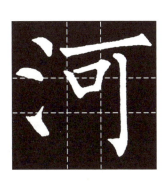

左窄右宽
错落特点

　　左右结构左右部件的横向特点是左窄右宽；纵向特点是右侧部件上收下伸，相对左侧高低错落。

书写方法

　　用黄金格左线控制范字左右比例；右侧部件上部是横向笔画，向下收缩；下部是纵向笔画，向下伸展。

书法园地

　　观察范字的左侧部件起笔偏上，整体上移，以便为右侧部件下沉提供空间。例如，双立人旁应撇长竖短，双撇形态应稍有区别，竖笔忌用悬针。

C. 纵向错落——C-1 左窄右宽

e. 左小右大

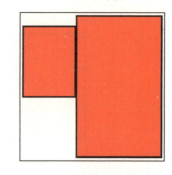 

左窄右宽
错落特点

左右结构左右部件的横向特点是左窄右宽；纵向特点是左小右大，大小对比、和谐融合。

书写方法

用黄金格左线控制范字左右比例；左侧部件短小要上提，居于中间稍偏上位置，为右侧部件伸展留出足够空间，右边部件大掌控重心。

书法园地

柳体"功"字右侧"力字边"中的"撇"不出头，属于异体字，以便与左侧"工字旁"的上横齐平。

C. 纵向错落——C-2 左右等宽

a. 左大右小

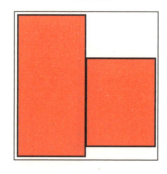 

左右等宽
错落特点

左右结构左右部件的横向特点是宽窄相当；左边长大，右边短小，大小对比、和谐融合。

书写方法

用黄金格中想象的中轴线控制范字的左右比例。当左边是长偏旁，右边是无纵向笔画的短偏旁时，一般右边偏旁居于中间稍偏下位置，以便重心平稳。

想想看看

仔细观察"勤"字中力字边的写法，宜长而窄以抱左。知道为什么吗？

C. 纵向错落——C-3 左宽右窄

a. 上伸下伸

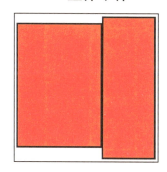

左宽右窄
错落特点

　　左右结构左右部件的横向特点是左宽右窄；纵向特点是右侧部件上伸下伸，相对左侧部件形成高低错落的态势。

书写方法

　　用黄金格右线控制范字左右比例；右侧部件上部是纵向笔画，向上伸展；下部也是纵向笔画，向下伸展。

想想看看

　　仔细观察范字的结构特点，为什么？

C. 纵向错落——C-3 左宽右窄

b. 上收下伸

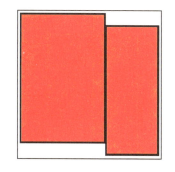

左宽右窄
错落特点

　　左右结构中的左右部件的横向特点是左宽右窄或左右等宽；纵向特点是右侧部件上收下伸，相对左侧高低错落。

书写方法

　　用黄金格右线控制范字左右比例；右侧部件上部是横向笔画，向下收缩；下部是纵向笔画，向下伸展。

想想看看

　　由于左右错落，形成左下与右上两处小空白。"斯"字斤字边末笔藏锋露锋随意，但行笔不宜过长。第二笔竖撇收敛，最忌一笔甩出。为什么？

a. 中间伸展

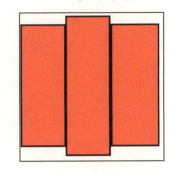 

横向三分
错落特点

左中右结构根据三部分形体、大小形成中间部件伸展的组合关系。

书写方法

用黄金格左、右线控制范字的左中右比例；位于黄金格范字的中间部件纵向伸展。

想想看看

仔细观察范字的构型特点。中间伸展是相对左右而言的，把左中右三者关系转换成中间对两侧的对比关系。

b. 中间收缩

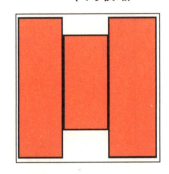 

横向三分
错落特点

左中右结构，中间部件收缩。

书写方法

用黄金格左、右线控制范字的左中右比例；位于黄金格范字的中间部件比较短小或右侧部件稍宽大。

想想看看

想想看，范字的构型特点是什么？思考中间收缩的对比关系。

D. 横向参差——D-1 上短下长

a. 上宽下窄

上短下长

参差特点

上下结构上下部件的纵向特点是上短下长；横向特点是上部件宽下部件窄，上下部件及其笔画形成横向参差变化的态势。

书写方法

用黄金格上线控制范字的上下比例；范字的主笔都在上部，所以形成上宽下窄的态势。

想想看看

仔细观察"常"字"巾"字底中的首笔竖与次笔横折钩的起笔横头之间处的"穿接"，前面讲过，还有印象吗？另见 36 页、46 页。

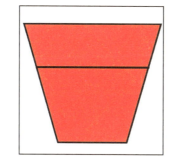

D. 横向参差——D-1 上短下长

b. 上窄下宽

上短下长

参差特点

上下结构上下部件的纵向特点是上短下长；横向特点是上部件窄下部件宽，上下部件及其笔画形成横向参差变化的态势。

书写方法

用黄金格上线控制范字的上下比例；范字的主笔都在下部，所以形成上窄下宽的态势。

想想看看

想想看，范字的构型特点是什么？你能找出主笔吗？

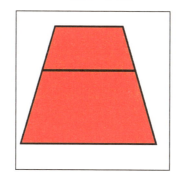

D. 横向参差——D-1 上短下长

c. 中间伸展

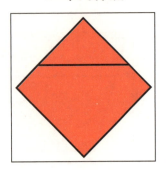

上短下长
参差特点

上下结构上下部件的纵向特点是上短下长；中间横向笔画伸展，字的外形轮廓呈菱形。

书写方法

用黄金格上线控制范字的上下比例；范字的主笔在中间，所以形成横向伸展的态势。

想想看看

想想看，范字的构型特点是什么？你能找出主笔吗？

D. 横向参差——D-2 上长下短

a. 上宽下窄

上长下短
参差特点

上下结构上下部件的纵向特点是上长下短；横向特点是上部件宽下部件窄，上下部件及其笔画形成横向参差变化的态势。

书写方法

用黄金格下线控制范字的上下比例；范字的主笔都在上部，所以形成上宽下窄的态势。

想想看看

想想看，范字的构型特点是什么？

b. 上窄下宽

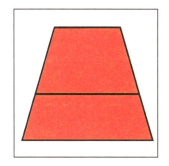

上长下短
参差特点
　　上下结构上下部件的纵向特点是上长下短；横向特点是上部件窄下部件宽，上下部件及其笔画形成横向参差变化的态势。

书写方法
　　用黄金格下线控制范字的上下比例；范字的主笔都在下部，所以形成上窄下宽的态势。

想想看看
　　想想看，范字的主笔是谁？

c. 中间伸展

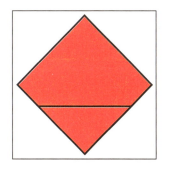

上长下短
参差特点
　　上下结构上下部件的纵向特点是上长下短；中间横向笔画伸展，字的外形轮廓呈菱形。

书写方法
　　用黄金格下线控制范字的上下比例；范字的主笔在中间，所以形成横向伸展的态势。

想想看看
　　想想看，范字的构型特点是什么？你能总结出这些上下结构各种构型的规律吗？

D. 横向参差——D - 3 纵向三分

a. 中间收缩

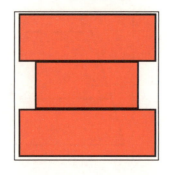

纵向三分
参差特点
　　上中下结构，中间部件收缩，形成横向参差变化的态势。

书写方法
　　用黄金格的上、下线控制范字的上中下比例；位于黄金格中间的部件比较短小。根据主笔决定上或下横向主笔伸展。

想想看看
　　仔细观察范字，你能找出主笔吗？你能说出"中间收缩"的对比关系吗？

D. 横向参差——D - 3 纵向三分

b. 中间伸展

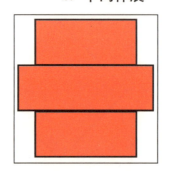

纵向三分
参差特点
　　上中下结构，中间部件伸展，字的外形轮廓呈菱形。

书写方法
　　用黄金格的上、下线控制范字的上中下比例；位于黄金格范字中间的主笔做横向伸展。

想想看看
　　想想看，范字的构型特点是什么？"中间伸展"的对比关系？

3.4 重心规律及练习指导

在几千年来中国书法历史长河中，凡是学书的人都知道重心的重要性，它是汉字正确结体的根基。许多书家、学者提出过多种分析汉字重心的方法，但一直停留在凭感观、经验的定性分析阶段。到底汉字的重心在哪里？有的学者认为在汉字的正中心，也有的人认为在中心偏左上的区域。众说纷纭，一直无解。一直到1986年启功先生首次公布他发现的楷书结字秘密：字的重心"不在中心一点或一处，而是在距离中心不远的四角处"[1]。笔者用科学方法证明了启功先生的这一重大发现，请见图3-7，将物理学中形状任意和密度不均匀分布的二维平面物体的重心与汉字的重心联系起来，解决了书法艺术中具有任意字体、笔墨深浅任意变化的单个汉字的重心坐标计算问题。使人们对汉字重心认识突破了千年来的传统，从凭借经验和直觉的感性认识阶段，提升到定量计算的科学分析阶段。同样证明了《兰亭序》324个字的重心分布规律也是如此[13]，见图3-8、图3-9，其中计算出的"095 畅"字的重心坐标值：x = 0.550，y = 0.491，黄金格边长设为单位1，选取左下角为坐标原点。

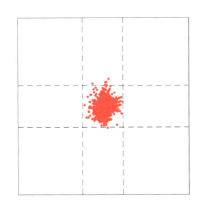

图3-7　GB2312楷体1000字的重心分布

图3-8　《兰亭序》"畅"字重心（x = 0.550，y = 0.491）

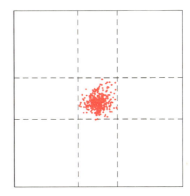

图3-9　《兰亭序》324字的重心分布

发现和证明汉字重心分布规律不仅具有认识汉字结构的学术意义，而且也是评价汉字结构，检验汉字是否失去平衡的重要标准。

重心稳定是绘画、雕塑、建筑、舞蹈等许多艺术门类都非常关注的基本问题。比如在高空中踩钢丝的杂技表演，如果四平八稳、呆若木鸡就不是艺术了。为了增加艺术效果，刺激观众的眼球，演员们要做出各种高难度的惊险动作，但不管怎样绝对不能失去平衡从平衡木上掉下来，显然对于这种情况的失去平衡很容易判断。但对于书法来说就不那么简单、直观了。如果利用重心计算方法，却很容易解决这个问题。比如笔者在计算GB2312楷体1000常用字重心时发现有六个字的重心"出界"的现象，请见图3-10，其中"可""下""那"三个字的重心坐标都超出其"重心区"。其实如果将"可"字的右竖钩写得稍粗一点,"下"的直竖写得稍粗一点,就不会出界了。还可将这种方法用于指导各种艺术字牌匾设计、寻找绘画重心点等。

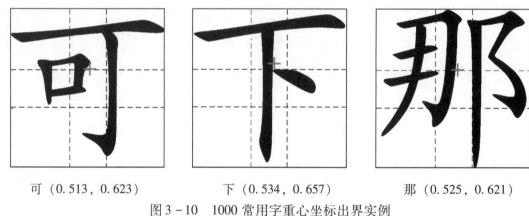

可(0.513,0.623)　　　　下(0.534,0.657)　　　　那(0.525,0.621)

图3-10　1000常用字重心坐标出界实例

发现和证明汉字重心分布规律,对于指导书法练习也具有应用价值。比如,书法讲究"意在笔先",即在下笔之前,对一个字的笔画及部件的安排,特别是重心的位置要有个"腹稿",这对初学者来说,还没有掌握字的间架结构规律和特征,确实很困难。如果对临摹的范字,标出其重心的位置,以此作为"意在笔先"的下笔参考,可起到辅助临摹的作用,请见图3-11、图3-12[13]。

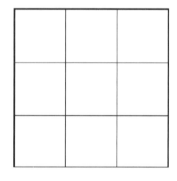

图3-11　"天"字的重心　　　图3-12　"也"字的重心　　　图3-13　唐代九宫格

在《兰亭序》中,"天"字的左撇偏左,为了给主笔右捺留出伸展空间,增加动感,但从图3-11看出其重心较偏中下,所以明白为了调节重心右捺中须向右下伸展,整个"天"字的笔画布局体现了"上紧下松""正者偏之"原则;"也"字的字形虽偏,但其重心稍偏左下,比较居中(见图3-12)。可以理解竖弯钩之所以向下且向右方伸展是为了调节与上边"横折钩和竖画"部件之间的平衡。整个"也"字的笔画布局体现了"偏者正之"原则。

重心分布规律是用黄金格来体现的,黄金格不仅是一种科学好用的习字格(如前所述,利用黄金格非常容易控制楷书左右结构和上下结构的比例),而且它还沉淀着丰厚的文化底蕴。秦永龙教授指出"隶变以后的各种字体，其结构都是外散其形而内聚其力的，楷书尤为如此。构成一个字的点画或部件，虽说有种种的不同，但是都要求有一个共同的内力的聚点。字之有内力聚点，如同细胞之有细胞核，车轮之有轴心一样，是整个间架结构的核心，是字体精神的攒聚点。靠着它产生的内聚力，各个点画或部件才能有机地环抱团聚，构成一个密不可分的协调的艺术整体。否则，点画或部件之间尽管相互呼应、关情，也会因为没有一个共同的联络枢纽而失于涣散、乏力和伤神。所谓'四方八面俱拱中心'的中心，实质上就是这个内力的聚点，也就是字的形体的重心，只是古人未能说得明确、具体罢了。那么字的内力聚点即重心在何处?"[2]秦先生的精辟分析，指明了"八面拱心"产生的文字学背景及其本质——字的形体重心。

为了寻找字的形体重心，古往今来的书家学者一直在不断地探索。唐代书法家欧阳询发明了九宫格（见图3－13），最初是用于临帖的一种习字格或一种界格，后来成为探索汉字重心问题的文化源头。唐代楷书大盛，随着九宫格的广泛应用和对楷书结构认识的进步，特别是在欧阳询《结体三十六法》的影响下，书家开始用九宫格描述"中宫收敛，外画伸展"楷书结构特征。宋人用九宫格移摹缩放古帖。元代陈绎曾率先提出"九宫八面点画皆拱中心"，继后明代李淳、清代包世臣、刘熙载等书法家一直倡导笔画"四方八面，俱拱中心"。自从唐、宋、元、明、清以来，历代书家从不同角度一直倡导的"八面拱心"原则的共同特点都是参照"九宫格"而言的，即"九宫格"是"八面拱心"的"参照系"。因此，启功先生发明的结字黄金律及其黄金格的重大意义不仅科学地描述了汉字的重心分布规律，而且还在于完成了从"九宫格参照系"升级换代到"黄金格参照系"历史性转变，这在中国书法史上具有里程碑意义[25]。

启功先生超越古人"八面拱心"提出"内紧外松"原则，"所谓内紧外松是指结字时内部的笔画部安排得比较紧密收聚，而外向的笔画则令其舒展放纵，让人看了有辐辏内聚之感"[1]，与包围结构关系密切，因为包围结构则属于多向配合，其中左上包、右上包、左下包结构包含两个方位元素；上三包、下三包和左三包结构包含三个方位元素；全包围结构包含四个方位元素。在书写外围字框时，先考虑内部字心结构的简复、形势而定外框的宽窄和高低；在书写内部字心时，应照顾外框的形势而定宽窄，务使内外疏密相称、形势相称，正如明代莫云卿曰"为外称内，为内称外"，即"内外相称"原则。从"包围"的角度来看，实际上是"既包围又不包围"，即在包围能力强的时候，四面包情况下要"围而不堵"，留出空隙；在包围能力不强的时候，在两面包和三面包情况下各个方向都会出现"突围"现象，因此称作"不围之围"。另外基于"内紧外松"原则和黄金分割点还能体现独体字造型各异外形轮廓的"外形自然"规律。下面通过精选的柳体范字讲解。

E. 不围之围——E-1 两面包

a. 左上包

两面包
构型特点
字心笔画多左撇宜细，笔画少则宜粗；字心笔画多外框宜敞，笔画少则宜收。

书写方法
"尸"字框，口身小而紧凑，撇笔长而劲挺。撇笔如过于向内，其身难以端正；撇笔如过于向外，全字易于松散。同时弱化字框（不宜过大、过宽），随势而定，字心向右探出（称作"右出"），以利于平衡。

想想看看
仔细观察范字中左上包字框的左竖撇有什么不同？为什么？

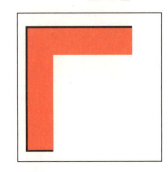

E. 不围之围——E-1 两面包

b. 右上包

两面包
构型特点
有两类字框："司"字形字框的右竖段直；"勿"字形字框的右竖段向左倾斜或稍向外弯曲。

书写方法
由于主笔字框右边偏重，字心要略偏左靠上，向左探出（称作"左出"）。字心大小适中，既不过大撑满，也不过小空散。

书法园地
仔细观察范字，体会范字中笔画之间笔势相称关系。由于勿字框起笔"撇画"向左倾斜，所以后续笔画"横折钩"的竖段也须向左倾斜。

E. 不围之围————E-1 两面包

c. 左下包

两面包
构型特点

左下包结构（"抄地"结构）主笔在下框，捺笔的敛放与角度决定了整字的姿态与取势。

书写方法

左下包字框最后一笔与字心相依相靠，平捺的粗细、走势随字心的形态变化，呈抱环之势。字心狭长宜紧密收敛、整体端庄与字框形成对比。

想想看看

仔细观察范字中两个走之的写法有什么不同？建字框"延"字的平捺与走之框的平捺有何不同？

F. 内外相称————F-1 三面包

a. 上三包

三面包
构型特点

上三包结构有两类，一类是同字框，横向笔画的字心居中靠上，不可下坠"突围"，如"同"字；另一类是风字框，为突显左右竖画的内撅，其字心可以"突围"（称作"下出"），如"风"字。

书写方法

同字框上横部分左低右高，左右竖画部分可有外拓和内撅变化；左右两竖应左短右长、左轻右重。字心居中靠上。

想想看看

仔细观察上三包构型有哪些特点？"用"字的特点？

F. 内外相称——F−1 三面包

b. 下三包

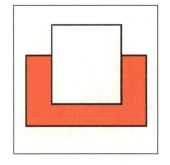

三面包
构型特点
　　下三包结构的字心高出字框（称作"上出"），左右两竖的长度及向外张开的角度与字心笔画多少相关。

书写方法
　　由于字心高度突出，字框应该弱化，不宜太粗，左右两竖的长度及向外张开的角度与字心笔画多少相称，以便整体和谐。

想想看看
　　细心观察下三包结构的特点，如果左右两竖写成垂直并且与字心上部齐平，好看吗？

F. 内外相称——F−1 三面包

c. 左三包

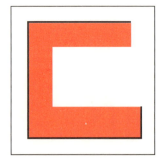

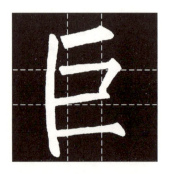

三面包
构型特点
　　字框上下横的长短随字心笔画多少而变。左竖的曲直、向背与字心右侧竖画的向背相关。

书写方法
　　字心笔画少时，字框的上横长以冒下；字心笔画多时，下横长以载上。字框与字心要笔势相称，比如"巨"字左右两竖相向，而"匹"字的左右两竖相背。

想想看看
　　左三包结构，当字心笔画多时下横应承载，笔画少时上横应覆盖。思考一下上下横的长短应如何变化？

F. 内外相称———F–2 四面包

四面包
构型特点
　　外框不要过于方正对称，形状、大小与字心有关，字心笔画有疏密变化。

书写方法
　　字框视觉显得大宜收小一廓，右上角稍抬起取斜势，右角抬起，又称作"扛肩"。笔画连接处要留有透气口，即"围而不堵"。外框写在黄金格的外框区作主笔较粗，字心笔画稍细，横细竖粗。

书法园地
　　如左右竖高，外框取纵势，左右两竖竖直；如左右竖矮，外框取横势，左右两竖"上开下合"，如"田"字。另见65页。

a. 全包围

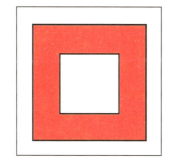

G. 外形自然———G–1 随形取态

随形取态
构型特点
　　字形端正不是"横平竖直"、左右对称，而是中轴线上下对应笔画要对正，左右对应笔画要对平、呼应。

书写方法
　　书写起来遵循"中轴不中""正者偏之"原则，以造成动感。

想想看看
　　仔细观察范字，用心体会"平正"的两层含义。

a. 平正

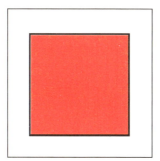

b. 偏斜

随形取态
构型特点

体势偏斜，自然真趣。

书写方法

斜中求稳，以斜笔作支撑，运用重心补偿的方法调节重心。

书法园地

仔细观察范字，外形偏斜的字有三种类型：向左偏斜，如"少"字；向右偏斜，如"也"字；略有偏斜，如"及"字。你能再举出其他例字吗？

"及"字中重复撇画不可全部出锋，应有伸有缩，有粗有细，有长有短，以避免雷同。

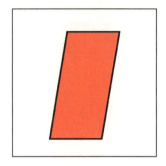

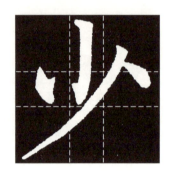

c. 瘦长

随形取态
构型特点

形体瘦长，取纵势。

书写方法

书写瘦长的字要防止两种倾向：一是瘦而勿短；二是瘦而勿癯（qú），即防止骨瘦如柴。[6]

书法园地

为了防止上述两种倾向，对于框架结构因横画多引起的字形拉长，如"月"字，纵向主笔宜伸不可短或左右两竖内撇；对于带纵向主笔本身就窄的字，如"才""身"二字横向笔画适当横向外拓。

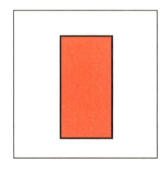

G. 外形自然——G-1 随形取态

d. 扁宽

随形取态
构型特点
字形扁宽，取横势。

书写方法
有两种情况，一种是框内"竖画多的字横扁"，如"四""皿""血""而"，注意"扁而勿肥"，字的左右两竖"上开下合"；另一种是字形本身扁宽，如"二""工""心""匹"，注意"扁而勿呆"，以横画为主笔取横势，横长竖短，丰实挺秀。

想想看看
仔细观察范字，用心体会扁宽构型，如何防止两种倾向？

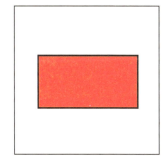
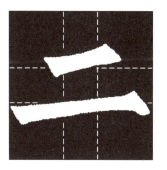

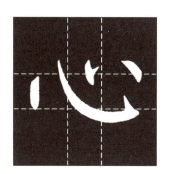

G. 外形自然——G-1 随形取态

e. 缩小

随形取态
构型特点
字形小，结构严谨。

书写方法
笔画少、外形轮廓小的字，笔画要厚重，结构要严谨、开阔，令人有"小中见大"的感觉。[20]

书法园地
一般情况首字一定要大，第二字小于首字；接下来根据字的笔画、结构来定。笔画少的可小点，笔画多的可大点；全封闭口框字形小，如"口""日"；未形成全封闭口框的字稍大，如"小""公""山"。

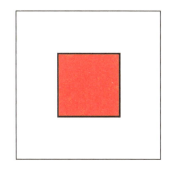
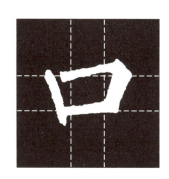
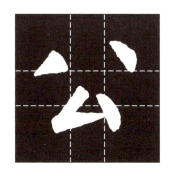

G. 外形自然——G－1 随形取态

f. 圆形

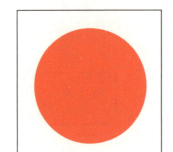

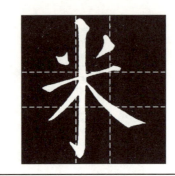

随形取态
构型特点
　　外形轮廓呈圆形，中宫收紧，余笔外拓。

书写方法
　　字的上下左右均有笔画，八面势全，有长的中竖、中横或中间有伸展的撇捺，再由其他笔画辅助使轮廓浑圆，内部呈放射状聚向中心。

想想看看
　　仔细观察圆形范字的构型特点。你还能列举出其他圆形的字吗？

汉字的外形轮廓

　　从圆形的独体字得到启发合体字也有圆形的，比如：去、樂、密。我们常说"方块字"，实际上汉字的外形不是"方形"，而是千姿百态。如果对大量的楷书字做统计，其外形轮廓统计应接近圆形；同理可以想象，如果对大量的隶书字体做统计，其外形轮廓统计应接近横向椭圆，体现了隶书字体的横势；如果对大量的篆书字体做统计，其外形轮廓统计应接近纵向椭圆，体现了篆书字体的纵势，图3－14列出了"水"字三种字体外形图。

（a）楷书"水"字　　　　　（b）隶书"水"字　　　　（c）篆书"水"字

图3－14　"水"字三种字体外形轮廓图

　　外形轮廓是楷书结字法不可或缺的重要组成部分，但一直未引起书家的足够关注。邓宝剑撰文"字形的外部轮廓与内部关系"[19]，对全面认识楷书结体规律具有重要意义。

G. 外形自然——G-2 黄金比例

a. 黄金交点

黄金比例
构型特点
　　两个笔画相交的交点将纵向笔画或纵向主体分成具有黄金比的两段。

书写方法
　　交点在黄金格的上线上，控制纵向的上下比例。

想想看看
　　仔细观察范字两笔画相交的交点位置巧合落在黄金格的上分界线上，所以上段与下段的比例等于0.618，你觉得有兴趣吗？

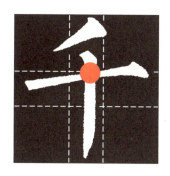

G. 外形自然——G-2 黄金比例

b. 黄金接点

黄金比例
构型特点
　　两个笔画相接的接点将纵向笔画或纵向主体分成具有黄金比的两段。

书写方法
　　接点在黄金格的上线上，控制纵向的上下比例。

书法园地
　　这里展示了汉字笔画的交点或接点落在黄金格的上线上；前面讲过黄金格的左线是左窄右宽结构的分界线，右线是左宽右窄的分界线。你还记得黄金格的上线和下线的作用吗？你喜欢黄金格吗？

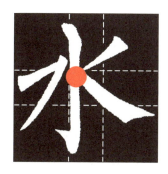

3.5 视觉艺术与结字规律

书法是一门视觉艺术。如何运用视觉科学的概念解释启功结字黄金律，有助于我们深入理解其博大精深的思想内涵，做到"知其然知其所以然"，在书法教学中解疑释惑，也会增加学习兴趣。

（1）"横画不平"的视觉科学

在书法教学中，有时天真、聪明的孩子会问老师，为什么"横画不平"而且中间细两端粗？

按照阿恩海姆的视知觉理论[4]，我们看到的图像都是具有"视觉重量"的，也就是说图像内容是有重量的。有趣的是这个重量不仅和图像大小、颜色的深浅等直觉经验有关，而且还与其所在位置、紧凑感、孤立性、形状等视觉因素有关，如图 3 - 15 所示，显然同一张图中图像大的比小的重（见图 3 - 15a）；同样的图像，在画面中的位置越高，势能越大，重量越大（见图 3 - 15b）；两个球大小一样，本应该感觉一样重，可是由于有左右位置关系，右边的球会感觉比左边的更重（见图 3 - 15c）；由于笔形错觉，粗细均匀的横画看上去中间显粗，两端显细（见图 3 - 15d），其原因一是人眼在看横画时停留在中间部分时间较两端要长，二是横的两端白度大于中间段（视觉黑白度原则）。因此唐楷以横画两头起落笔顿势加粗的形式，既解决了笔形错觉，也使单线横画有了左低右高起伏姿势，以增加美感（见图 3 - 15e）。另外右手握笔"左低右高"书写时，腕、指顺畅、自然方便，容易取势。

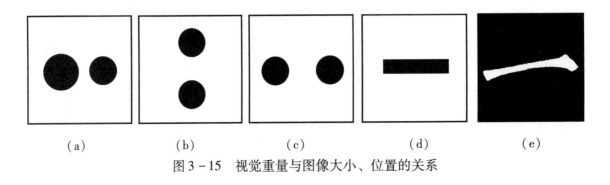

（a）　　　　　（b）　　　　　（c）　　　　　（d）　　　　　（e）

图 3 - 15　视觉重量与图像大小、位置的关系

"横画不平"与"左低右高"都蕴含着丰富的思想内涵，不仅是用来调节视觉平衡的法则，也是用来造势，增加动感的手段，比如书法中常见的"曾头点"、"其脚点"、左撇右捺组合，以及"以"字左右部件的高低错落，为了产生动态美感其横向排列都是"左低右高"。

（2）"左紧右松"的视觉科学

前面提到图像的视觉重量与紧凑感有关，阿恩海姆指出："散乱的物体向中心靠拢的程度，亦会影响到重力"，"垂直走向的图形看起来要比倾斜的图形重力大些。"[4] 如图 3-16a 所示，左边图形比右边图形感觉重些，因为左边的线条密集，而右边的线条疏散；图 3-16b 所示的两个大小相同且线条疏密一样的图形看起来右边的图形重些，原理同图 3-15c；在图 3-16c 中，调节左右线条的疏密程度，即左紧右松，目的是使左边与右边图形的视觉重量相近。在古人的书法理论中也有相似的记载，如谈及左右结构的字时，都强调要"左促右宽"，即"左紧右松"，如图 3-16d 中的"林"字，看起来舒服，因为视觉重力平衡。反之，如果将此二字写成左右线条疏密均匀（对应图 3-16b），就会看起来难看，没人这么写字[25]。

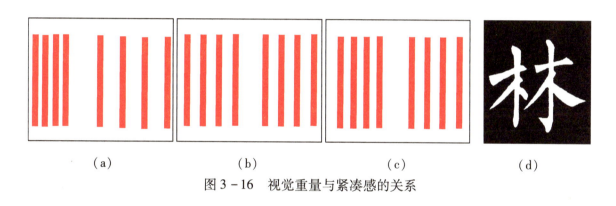

|（a）|（b）|（c）|（d）|

图 3-16 视觉重量与紧凑感的关系

"左紧右松"原则的本意，不论是"左窄右宽"，还是"左宽右窄"，都写成"左紧右松"。一个字的松紧关系存在于多个层面，不仅限于合体字的左部件与右部件之间、独体字笔画与笔画之间，而且也存在于合体字的偏旁或其他部件内部的横向部件与部件之间，笔画与笔画之间的松紧关系及不对称关系。比如对于左右"并竖"的写法，遵循"左短右长"原则；对于左竖右钩的字，要钩比竖低，即钩向下伸展，以体现"左收右放"、高低错落之势。

（3）"上紧下松"的视觉科学

在造型心理学里有一个经典的关于上紧下松的范例[14]：有两个一样大小颜色的正方形，纵向的把两个正方形叠在一起，如下图 3-17，视觉上会误以为上面的正方形较下面的正方形面积要大。因而，为了维持视觉的等量均衡，习惯性地将上面的正方形处理得小一些紧一些，这种视觉均衡的处理原则无论是中国的书法还是国外的字体当中，都是

图 3-17　造型心理学中一个经典的关于上紧下松的范例

采用相同的处理手法，见图中阿拉伯数字"8"、英文字母"S"和楷书"昌""多"二字。

　　"上紧下松"原则的本意，不论"上小下大"，还是"上大下小"，都写成"上紧下松"。"上紧下松"的含义非常丰富，不仅限于合体字上部件与下部件之间，也可用于左右部件中左右对应的纵向笔画的高低错落以及左右偏旁中纵向排列的笔画的上下松紧关系，等等。

(4)"内紧外松"的视觉科学

　　根据阿恩海姆《艺术与视知觉》[4]，由于视知觉心理力或视觉张力的作用，一个正方形外框的中心处最稳定，所以一个方框内的汉字的笔画分布，只有当各种笔画向中心汇聚时，眼睛看起来才舒服，否则会产生视觉张力向外框移动倾向，所以不稳定，自然不舒服，如图 3-18 所示。

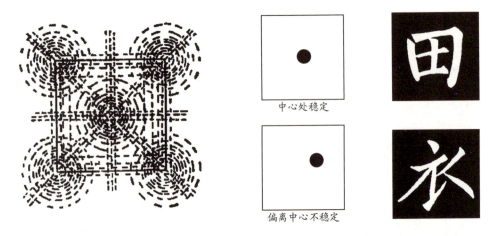

图 3-18　视觉张力与"内紧外松"原则的关系

4 偏旁

4.1 偏旁概述

按照《纲要》编写的多种版本的小学义务教育《书法练习指导》教材中关于"偏旁"的教学内容，每套教材大约都接近一半篇幅，由此得到两点启示：一是说明偏旁在书法教学中的重要性；二是由于有关偏旁的教学内容太多。比如现在小学语文写字要求掌握82种偏旁[18]；清代王澍、蒋衡合著的《分布配合法》专著总结出的偏旁技法达170种之多[8]。为了减轻学生负担，提高教学效率，须梳理传统偏旁教学内容和方式。笔者在系统研究历代楷书结字法和GB2312楷体1000常用字偏旁分类基础上，总结出16种偏旁构型及36种代表偏旁[23]。首先从梳理与偏旁有关的概念谈起。

（1）基本概念

一谈到"偏旁"自然要提到"偏旁部首"。"偏旁"和"部首"是应用目的不同的两个概念，但经常合在一起使用。偏旁主要用于分析和研究汉字的结构，部首则作为编排字典、词典的分类和查字的依据。偏旁和部首有联系又有区别：部首也是偏旁，偏旁不一定是部首。部首仅限于表义的偏旁，而偏旁之中，有的表义，有的表音，有的只参与构形，所以个别合体字的偏旁不是部首，比如，春字头、常字头、帝字头，因为没有表意功能。因此本书采用"偏旁"一词，目的是研究"偏旁"与结构的关系及其书写规律。

欧阳中石先生主编的《书写与书法教程》对偏旁给出规范化称呼及命名规则：[11]

汉字的偏旁即指组成合体字的结构单位。狭义的偏旁指在合体字左右两旁的结构单位，广义的偏旁指合体字上下左右内外任意部分的结构单位。一般倾向于作广义的理解。偏旁一般都有规范化称呼。命名规则是：在上称头，在下称底，在左称旁，在右称边，在外称框，在内称心。如"十"在"古"字中称"十字头"，在"毕"字中称"十字底"，在"协"字中称"十字旁"，在"什"字中称"什字边"。

有了"左偏旁"和"右字边"的规定便于区分左、右偏旁。有的偏旁既可作"左偏旁"又可作"右偏旁"，而且位于左侧和右侧的同一偏旁不但写法不同，有的表意偏旁的含义也不一样。比如双耳旁"阝"既可作"院""阵"等字的左偏旁，又可作"都""部"等字的右字边，而且左偏旁"阝"读音"阜（fù）"，本义"土山"，竖画用垂露竖。右字边"阝"读音"邑（yì）"，本义"邦国"，竖画用悬针竖；再比如左侧的月字旁（如：肥、服、脸），由于与人体或肉有关，所以常常称作"肉月旁"，但它跟月亮毫不沾边儿，只有"月"在右侧的字才和月亮有关（如：朝、潮、期）。

"在外称框"的规定非常科学、合理，但在许多书法教材中仍存在概念混乱现象。比如对全包围和三面包的偏旁有"长方框""同字框"之称，但是对于左上包围的偏旁却出现"xx 头"，比如"广字头""病字头"，对于左下包的偏旁出现"xx 底"，比如"走之底""建字底"，这样称谓显然不合理。因为"字头"或"字底"是对应上下结构的，不应出现在包围结构中。另外在逻辑上也不一致，因为对描述同一包围结构的偏旁应概念统一，不能有的用"xx 框"，有的用"xx 头""xx 底"混乱概念。为此，本书对外字框结构中的"偏旁"，不论是全包围、三面包还是两面包结构一律采用"xx 框"，比如"广字头"应称作"广字框"，"走之底"应称作"走之框"。

（2）偏旁分类

按照上下左右四个方位，可分上字头、下字底、左偏旁、右字边四类偏旁，还可进一步将左偏旁和右字边称作"横向配合偏旁"，将上字头和下字底称作"纵向配合偏旁"，将它们统称作"单向分布偏旁"。此外还有分布在字四周的"外字框"。为了按空间分布梳理偏旁分类，应该寻找"外字框"与"单向偏旁"之间的联系。"外字框"本身包含"上下左右"中的"方位元素"，在空间方位上有"重合"，所以不能作"独立性"分类。比如左上包字框，包含"左""上"两个方位元素，它应是"上部件"和"左部件"两个方向的组合偏旁。同理，全包围字框是上下左右四个方向部件的组合偏旁。由此按占据空间方位可将偏旁分成两类：单向分布偏旁和多方向分布偏旁（方位组合偏旁）。单向分布偏旁包括上字头、下字底、左偏旁、右字边；多向分布偏旁即外字框，包括两方位组合：左上包、右上包、左下包；三方位组合：上三包、下三包、左三包；四方位组合：全包围字框。至此首次获得由 11 类偏旁组成的"汉字偏旁位置分类图"（见图 4-1）和"偏旁分布及其构形表"（见表 4-1），其中 16 个偏旁构形和 36 个代表偏旁是本书偏旁教学的核心，将在后面介绍。

表4-1　偏旁分布及其构形表

分布			类型	名称	构形
偏旁分布	单向分布	横向配合	左偏旁	提手旁	1. 左伸右缩
				木字旁	
				女字旁	
				禾木旁	
				示字旁	2. 对正留空
				金字旁	
				竖心旁	3. 左离右接
				火字旁	
				单立人	4. 向背得宜
				三点水	
				方字旁	
				双耳旁	
				土字旁	5. 左上右下
				口字旁	
			右字边	立刀边	6. 上下伸展
				双耳边	
				页字边	7. 左缩右伸
				反文边	
		纵向配合	上字头	山字头	8. 首领会聚
				爪字头	
				人字头	9. 绝对覆盖
				春字头	
				宝盖头	10. 相对覆盖
				土字头	
				小字头	11. 中轴不中
				草字头	
			下字底	八字底	12. 纵向支撑
				日字底	
				心字底	13. 横向承载
				儿字底	
	多向分布	二面包围	左下包	高心框	14. 先高后低
				低心框	
				走之框	15. 不围之围
			左上包	广字框	
			右上包	包字框	
		三面包围	上三包	同字框	16. 内外相称
			下三包	画字框	
			左三包	区字框	
		四面包围	全包围	长方框	
				扁方框	

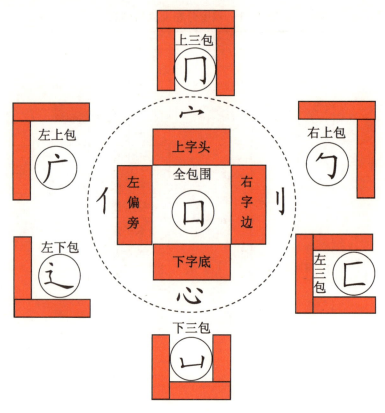

图 4-1　汉字偏旁位置分类图

4.2　一级避让

如何写好上下左右四个位置的偏旁？有的偏旁构字能力很强，比如"口字旁"它能在四个位置构成偏旁：口字旁、口字边、口字头、口字底（统称为"口字旁"），对于这类偏旁就涉及如何写好不同位置相同偏旁的问题，见图 4-2。因为这类问题属于最常见、最基本的"避让"问题，为了与后面介绍的难度更大的"避让"相区别，我们将其称作"一级避让"。

如图 4-2 所示以"口字旁"为例，同一个口字偏旁在不同位置的写法不同，与其相配部件之间的避让方法不同。为了使字的外形趋于方形，通常左右结构的偏旁要横向收缩，字形变窄；上下结构的偏旁要纵向收缩，字形变扁。为了具体说明这些偏旁在不同位置的避让方法，考虑大多数偏旁是由独体字演变的，故而以独体字作偏旁为例总结一下一级避让的经验和方法。

（1）左偏旁左伸右缩

①末笔横变提，当独体字下部为横画时，它若作了一个字的左偏旁，一般要变横为提以让右。如：工（功、巧、巩、劲），土（地、址、场、坏、垃、圾、圳），王（现、玩、班、玻），牛（牡、牧、物、特、牺），子（孙、孩、孔），耳（取、聪、职、耽），

注：图中的例字选自秦汉时期的一种"借口钱"，利用中心"口"与古币正面刻有的"隹五矢止"四字巧妙构成的"唯吾知足"四字，以体现中国智慧与中国文化[26]。

图 4-2　偏旁四位置避让图

车（辆、软、轮、转），立（站、端、竭），山（峻、岭、歧、屿），里（野）；

②末笔捺变点，当独体字的最后一笔为捺画时，它若作了一个字的左偏旁，一般要变捺为点以让右。如：木（村、林、权、材），火（灯、烧、炎、灼），禾（和、种、利、移），米（精、粉、粮、粗），矢（短、知、矫、矮），人（从、众、坐、丛），又（邓、劝、对、双、欢），文（刘）；

③末笔竖折钩变提。当独体字的最后一笔是竖弯钩或横折弯钩时，它若作了一个字的左偏旁，一般要把竖弯钩或横折弯钩变为竖提或横折提，以让右，如：七（切、窃），九（鸠），己（改、凯），元（顽），光（辉、耀），克（兢）；

④末笔的竖或竖钩变撇，当独体字"羊""辛"等作一个字的左偏旁时，中竖要变为竖撇，以让右，如：羚、翔、羝、辣、辨、辩等，辛（辩、辨、辣、瓣），半（判、叛），羊（差、养），手（拜、掰）；当独体字"羊"作一个字的字头时，中竖下部不出头，以让下，如：姜、羔、羡、羌、恙；

⑤末笔的长横或长撇去掉一头，当独体字中间有长横的，它若作了一个字的左偏旁，一般长横要左伸右缩以让右，如：女（如、好、她），舟（船、航、般、舰），身（射、躯、躲、躺）。

（2）右字边左收右放

①横向伸展，按照"左收右放"的结字原则，右字边通常比左偏旁要写得舒展，但横

向笔画只能向右伸展，而其左端仍收缩，以便与左侧部件和睦相处。如：攵（政、改、敌、致、教、效、救、敬、故），页（领、须、预、顶、顾、顺），隹（推、准、维、谁），殳（没、设、段、投），见（观、规、现），欠（欧、款、歌），彡（形、影），力（助、动）。

②纵向伸展，有横向笔画的右字边占位稍宽于左偏旁且纵向伸展以突出主笔，如：阝（部、那、都），斤（断、所、新、斯），寸（封、讨、射、村），羊（洋、群、鲜）；没有横向伸展笔画只有纵向伸展笔画的右字边占位稍窄，纵向伸展以突出主笔，如：刂（到、制、利、划、创、别、刻、判、刚、削、副），卩（印、即、脚、却）。

（3）左旁右齐在竖直线上

左旁右齐，大部分左偏旁的右端收笔在一条直线上且与右侧竖画相邻，古人称作"左右量白"，以使气韵流动，空中传神。左旁右齐的左偏旁：扌（把、报、批、抵、担、摸），纟（纪、继、绝、纸、组），土（地、城、增），钅（钢、银、钟），冫（次、决、况、冲），禾（和、科、程、种），舟（般、船），以及王、车、跙、虫、鱼、身等。

（4）上字头和下字底字形变扁

①"日"作字头、字底和字心变成扁"曰"，如：昆、显、旨、莫；

②带钩画部件作字头去掉钩，如：羽（翠、翼、羿），亦（变、恋、孪），几（朵、沿、铅）；

③"雨"作字头横折钩变横钩。当独体字"雨"作一个字的字头时，左竖要变为左点，横折钩要变为横钩，使字形变扁以让下，如：雪、雷、雾、霜、露、霹、雳；

④"月"作字底撇变竖，当独体字"月"作一个字的字底时，首笔撇要变为竖，以增加字底的支撑力度，如：育、青、骨、背、膏、有、臂；

⑤当"西"作字头时，里面的撇和竖弯均要变为竖，使字形变扁。如：要、票、贾、栗、覆；

⑥当"小"作字头时，两点从"上合下开"变为"上开下合"，以利于"首领会聚"，竖钩变为短竖，使字形变扁以让下，如：党、常、堂、肖、尚、赏。

（5）包围部分主笔要伸长

当独体字作为一个字的左下包部件时，左侧笔画要收缩、变窄以让右，下面主笔伸长以包住上部，如：走（超、起、赵），是（题、匙），永（昶），九（馗、旭），鬼（魁），风（飓），兀（尪），尢（尬），克（剋），毛（毡），爪（爬），虎（彪），瓦（瓩）。

总之，一级避让是写好偏旁的第一步，是书写各种偏旁的基本原则。

4.3 二级避让

写好偏旁的第二个问题是：如何解决"相同位置相同偏旁的写法"，比如"土字旁"与其右侧部件可以组成不同的汉字，在"城""场""地""塔"四字中，"土字旁"的写法不同，见图4-3。

图4-3 土字旁在不同字中的书写变化

在"一级避让"基础上，由于"城"和"场"二字的右侧部件比较长大，土字旁上提附向右部；然而"地"字的右下角"竖弯钩"作主笔，体势比较重，此时"土字旁"要位于左下，以利于提画与右部重笔均衡；"塔"字的提画比较长，因为其右侧空隙较大插入空当。再比如"土字头"在"去""走""吉""志"四个字中的写法不相同，见图4-4。其中"去"字中的"土字头"的下横作主笔，要写得舒展；然而"走"字中"土字头"要适当收敛，因为下面的长捺作主笔；"吉"和"志"二字中的"士"字头改写成了"土"字头，"土字头"的下横是否伸展，取决于它与配件的主从关系。

图4-4 土字头在不同字中的书写变化

类似的例子很多，我们不能逐个偏旁去分析，不但太烦琐，而且也枚举不完，应该寻找一种解决这个问题的普遍方法。尽管相同位置相同偏旁可以组合成很多字，无法确定，不同偏旁因字而异，但是任何一种偏旁与其相配部件之间的关系应该能够确定，因此须寻找偏旁与配件之间的关系。研究结果表明偏旁与配件之间有四种关系[23]，如图4-5所示以"好"字为例说明如下。

（1）避让关系

"好"字的女字旁变窄，为右侧配件留出伸展空间。偏旁与配件之间有伸有缩，有收

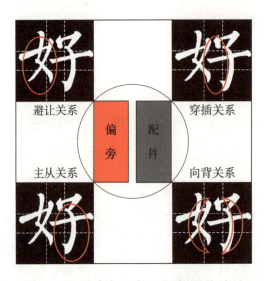

图 4–5 偏旁与配件之间的四种关系

有放，以便整体和谐。一个偏旁在字的上、下、左、右不同位置避让方法不同。为了使字的外形趋于方形，通常左右结构的偏旁要横向收缩，字形变得窄而长；上下结构的偏旁要纵向收缩，字形变得宽而扁。任何一个偏旁在构字过程中都要经过避让变形，属于最基本的避让，称作"一级避让"。

（2）主从关系

比如"好"字的女字旁收缩，以便突出右侧"竖弯钩"主笔。偏旁与配件之间总有一方包含主笔。偏旁与不同配件组合时，由于配合对象不同产生了主从关系变化，所以必须首先确定主笔，然后再作进一步避让，属于二级避让。比如"去"和"走"字中对"土字头"的分析和写法。有关如何判定主笔的方法在"主笔构型"一章已经介绍。

（3）穿插关系

在"好"字左右两侧部件的交接处，双方笔画要相互穿插、有伸有缩。比如右侧"子"字的横画都插入左侧的空隙处。女字旁右侧的撇画插入右侧"子"字的空隙处。当偏旁与配件交界处有不同方向的笔画互相抵触或空隙较大时，需要做进一步避让和穿插。当空隙较大时，一部分的突出笔画进入另一部分的空当之中，以调节疏密，融为一体。比如"塔"字，由于"提土旁"与右侧部件之间的空隙较大，"提土"的"提画"需要进一步伸长以"补空"；当发生笔画抵触时，强势笔画突出，弱势笔画则要揖让、退缩，比如"地"字，由于"提土旁"与右侧部件"也"字的"竖弯钩"的竖段之间发生抵触，因竖弯钩是主笔，所以只有让"提土"的"提画"作进一步退让；这种"一伸一缩"，或者"一外拓一内撇"的过程，都发生在"一级避让"之后，所以属于"二级避让"，这里称作"穿插关系",采用"穿插让就"原则（"让"指避让，"就"是一个部件或笔画顺着别的部件留出的空白填补进去），使其中无间隔，交织在一起。应当指出，穿插不仅是左右穿插，更重要的是上下穿插，上下部件之间的穿插还能降低重心，同时上下对应笔画要上下对正以求结构平稳，如：人（食、全、今、企、余），夂（务、条、冬），大（夺、套），夫（春、奏、泰、奉），父（爷、爸、爹、斧），癶（登、癸、凳），禾（季、香、秀），宀（家、它、宽、守、实、赛、客、察、定、害、密），冖（军、写、幂），穴（究、空、容、穿、突、穷、窄），雨（需、零、露），亠（京、交、市、高）。

（4）向背关系

"好"字的女字旁与子字边呈相向关系，犹如两个人面对面。与相向关系相对，左偏旁与右字边之间还有相背关系，类似两个人背靠背。偏旁有相背，相背出形势。一个字不但有"形"，而且还有"势"。偏旁笔画的向背是体现"势"的关键。"向不犯碍，背不脱离"才能向背得宜，使字写得气韵生动，风神飘逸。因此书写偏旁在"一级避让"基础上，让上下左右笔画相互应接，使笔势富有意趣。向背关系比较复杂，请见《楷书之美》（高光天，北京师范大学出版社，2017 年 12 月）一书，这里简单介绍"向背得宜"构型。

4.4 偏旁构型及练习指导

为了写好各种偏旁，在一级避让、二级避让基础上，还需要知道偏旁的结构特征和规律，即偏旁构型。为什么搞得这么复杂？这就像学语言要学语法，学楷书要学结字法和章法的道理一样。

前面讨论的主笔构型、间架构型都是指楷书最简单、基本的结构规律，古人将研究楷书结构的方法称作"结字"，比如唐代欧阳询《结体三十六法》，结字法是以笔画、部件构成字体的，所以又称结体、结构、间架结构或造型。楷书结构包含"造型"和"关系"两个方面："造型"是安排字形的整体面貌，或外形轮廓特征，可以将字写得或长或扁，或圆或方、或正或斜，或内擫或外拓；"关系"是安排字形中笔画、部件之间的内部关系，让各部分之间既有大小、轻重、形态、疏密、错落、置向、形势等对比变化，又成为相互关联的和谐一体。偏旁属于字的部件，偏旁有结构，也应有相应的偏旁结字法。偏旁的"外形轮廓"是由其上、下、左、右和外围五个方位决定的上字头、下字底、左偏旁、右字边和外字框。偏旁的内部关系，就是需要研究的"偏旁构型"。另外偏旁与配件之间的关系（即一级避让和二级避让）类似于字与字、行与行之间的关系（书法中称作"章法"），于是我们找到了"偏旁构型"与"结字法"之间的联系。

比如"木字旁"的结构特征是"左伸右缩"，即竖钩与横画相交，分成左长右短的两段，而不是左右相等的两段，目的是为了"内敛外拓"，有利于"中宫收紧"；再比如"宝盖头"的结构特征是相对覆盖型字头，它在"宫"字中伸展，而在"安"字中收缩，如何收放取决于它是否作主笔。为了简化教学总结出16个偏旁构型和36个代表偏旁，囊括小学语文写字要求掌握的82种偏旁，见表4-2。应当指出，16种偏旁构型的分类不是绝对的，有的偏旁具有几种构型特征，可以归入不同的构型，比如"走之框"，如果从"字心"与"字框"的高低角度看，可以归入"先高后低"构型；如果从"字心"与"字框"之间的包围与突围的角度看，可以归入"不围之围"构型。对于每种构型的真正含义一定要认真思考，比如"先高后低"构型的本质是什么？表面上看是根据字心与字框的形态高低，决定了两者之间的书写顺序，深究一下好像是遵循"先上后下""先左后右"的笔顺原则，再深究一下，笔顺的本质是在右手书写条件下遵循"笔画路线最短"原则；再比如"左伸右缩"原则，对于"提手旁""木字旁"等好像在说偏旁的"横画"被竖画分割后"横向长短"的伸缩，但是对于"巾字旁"来说，"左竖"应稍长，右竖钩的"竖部"应稍短，且中竖要细，其本质也是"左伸右缩"，所以一定要认真思考，灵活运用。

总之，写好偏旁有三个环节：一级避让、二级避让和偏旁构型，下面通过具体的范字做详细讲解。

表4-2 偏旁构型、代表偏旁与常用偏旁一览表

左偏旁	构型·代表偏旁	左偏旁	构型·代表偏旁	右字边	构型·代表偏旁	上字头/下字底	构型·代表偏旁	外字框	构型·代表偏旁
左偏旁	**1. 左伸右缩**	左偏旁	**3. 左右离接**	右字边	**6. 上下伸展**	上字头	**10. 相对覆盖**	外字框	**14. 先高后低**
	扌 提手旁		忄 竖心旁		刂 立刀边		宀 宝字盖		廴 建之框
	木 木字旁		火 火字旁		阝 双耳边		土 土字头		走 走字框
	女 女字旁		月 月字旁		卩 单耳边		亠 文字头		**15. 不围之围**
	禾 禾木旁		丬 将字旁		斤 斤字边		穴 穴字头		辶 走之框
	车 车字旁		马 马字旁		彡 三撇边		冖 秃宝盖		广 广字框
	米 米字旁		**4. 向背得宜**		**7. 左缩右伸**		**11. 中轴不中**		疒 病字框
	牛 牛字旁		亻 单立人		攵 反文边		小 小字头		尸 尸字框
	子 子字旁		氵 三点水		页 页字边		艹 草字头		户 户字框
	足 足字旁		方 方字旁		隹 隹字边		竹 竹字头		虍 虎字框
	虫 虫字旁		阝 双耳旁		戈 戈字边	下字底	**12. 纵向支撑**		**16. 内外相称**
	巾 巾字旁		彳 双立人		鸟 鸟字边		八 八字底		口 长方框
	目 目字旁		冫 两点水		力 力字边		日 日字底		冂 同字框
	贝 贝字旁		纟 绞丝旁		**8. 首领会聚**		土 土字底		口 扁方框
	2. 对正留空		弓 弓字旁		爫 爪字头		木 木字底		门 门字框
	礻 示字旁		犭 反犬旁		山 山字头		**13. 横向承载**		勹 包字框
	钅 金字旁		**5. 左上右下**		罒 四字头		心 心字底		匚 区字框
	讠 言字旁		口 口字旁		**9. 绝对覆盖**		儿 儿字底		
	衤 衣字旁		土 土字旁	上字头	人 人字头		灬 四点底		
	饣 食字旁		王 王字旁		夫 春字头		皿 皿字底		
			石 石字旁		癶 登字头				
			日 日字旁		夂 折文头				
			又 又字旁		父 父字头				
			工 工字旁						

A. 左偏旁———A–1 左伸右缩

左伸右缩
构型特点

  偏旁的竖画都从横画中间偏右穿过，造成左长右短、左伸右缩的构型。

书写要点

  提手旁以竖钩为主体，通常竖段的上端粗下端细，下端的钩较为收敛。竖钩与短横的交点靠短横右端，左段稍长，短横要抗肩。斜提起笔往左边外伸，从竖钩中腰穿过，多与右部起笔呼应，提收笔不越短横右端。

想想看看

  注意"哲"字的写法比较特殊，目的是把"上下结构"变成"左右结构"，书法上将这一现象称作"挪移"。

a. 提手旁

A. 左偏旁———A–1 左伸右缩

左伸右缩
构型特点

  偏旁的竖画都从横画中间偏右穿过，造成左长右短、左伸右缩的构型。

书写要点

  木字旁以竖为主体，下端钩收缩以让右或避重钩。竖和横的交叉点在横的偏右处，以便让右。右捺变为点，点的起笔一般不在横竖交叉处，而是略向下移。木字旁竖的末端一般是字的左侧支撑点。注意"材"字右侧部件"才"原来"穿接"笔的"撇"写成"反捺"这是将行书的笔法用于楷书，体现"行书楷化"。

想想看看

  仔细观察范字中木字旁横竖交叉点的位置及右侧点的大小有什么变化？

b. 木字旁

c. 女字旁

左伸右缩
构型特点

　　偏旁的竖撇从横提中间偏右穿过，造成左长右短、左伸右缩的构型。

书写要点

　　女字旁的写法中宫收紧，伸缩有致。女字旁的撇点多由撇和长点两笔分写而成。书写时两撇的长短、粗细、曲直、倾斜角度都不相同。长点的长短、曲直因字而变，提画左伸右缩。女字旁在左者宜窄，在下者宜宽，如：委、妄、婪。

想想看看

　　仔细观察范字中女字旁的写法有什么变化？

d. 禾木旁

左伸右缩
构型特点

　　偏旁的竖钩从横画中间偏右穿过，造成左长右短、左伸右缩的构型。

书写要点

　　禾木旁比木字旁多了上面的撇，要注意短横与平撇的间距要适当。禾木旁的书写要点是"三离"：上撇离竖、左撇离横、右点离横。首撇使其高扬，横笔可稍重稍长，为突出纵势竖钩收敛或者变成竖画，忌用悬针。

想想看看

　　仔细观察范字中禾木旁写法有什么变化？"和"字的主笔是什么？为什么？

a. 示字旁

对正留空
构型特点

有两个特点：一是下竖要与上点对正，以求平稳；二是上点与下横之间留有空隙，以增加生气。

书写要点

"示"字作左偏旁时，上部点用右点或横点，位于短横的右侧且与下面的垂露竖对正。示字旁中横与撇的角度与长短在整字中可以起到平衡左右部的作用，整体上大致左弧右直，左放右收，以让右。

b. 金字旁

对正留空
构型特点

两个特点：一是下竖要与撇的起笔对正，以求平稳；二是上撇、点与下面的短横之间要留有空隙，以增加生气。

书写要点

金字旁左撇宜长，右捺变点。上横短，下横略向右上翘起，以对右边部件避让。下部两点左低右高，左右呼应。金字旁的竖根据与右部的关系可或左或右地倾斜，以增加动势。

想想看看

仔细观察范字，哪个金字旁的竖向左斜，哪个金字旁的竖向右斜？

左离右接
构型特点

以竖画（包括竖撇）为主体，左侧的点画与竖画之间留出空隙，使气韵流通。右侧的点画要靠近竖以让右。

书写要点

竖心旁笔顺为先两点，后一竖，两点呼应相顾，竖笔用垂露竖微微斜曲，两点左下大，右上小，左空右靠，均在竖腰以上。

书法园地

仔细体会"左离右接"构型，类似的字有"水""永"字；另外"日""目""曰"等字口框内短横"左接右离"，两者有相通之处。另见43页。

a. 竖心旁

左离右接
构型特点

以竖画（包括竖撇）为主体，左侧的点画与竖画之间留出空隙，使气韵流通。右侧的点画要靠近竖以让右。

书写要点

先写左右呼应的相向两点，要写得左低右高；中间的竖撇起笔要高，穿越左右两点形成的"峡谷"后，再向左下角轻掠而出，左点与竖撇分离，右点与竖撇相接；最后一笔缩掠为点，位置不要太低，不但与其他两点形成鼎足之势而且与右部联系紧密。

b. 火字旁

A. 左偏旁——A-4 向背得宜

a. 单立人

向背得宜
构型特点

根据偏旁自身的向背特点"向不犯碍，背不脱离"才能向背得宜，使字写得气韵生动，风神飘逸。[26]

书写要点

单人旁的撇不宜过弯，竖画起笔与撇画的搭接是虚接，竖画的收笔或方或圆，但不作悬针竖。单人旁的大小、竖的长短、曲直、倾斜以及撇的长短、倾斜都要与右部相称：右画多者撇尾忌长，右画少者撇横而尾长。

想想看看

仔细观察单人旁如何随右侧不同配件变化。

A. 左偏旁——A-4 向背得宜

b. 三点水

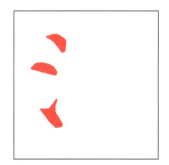
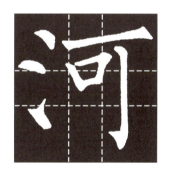

向背得宜
构型特点

根据偏旁自身的向背特点"向不犯碍，背不脱离"才能向背得宜，使字写得气韵生动，风神飘逸。

书写要点

三点水的第二点下笔较第一点要稍左，使其整体略带弧形，与字的右部呈相向之势。第三笔的收笔出锋方向指向右部第一笔的起笔处。三点分别起到起、带、应的作用，流动自然，呼应相合。

想想看看

观察范字三点水的写法有什么不同？如何与右侧部件笔画穿插、避让？

117

向背得宜
构型特点

根据偏旁自身的向背特点"向不犯碍，背不脱离"才能向背得宜，使字写得气韵生动，风神飘逸。

书写要点

方字旁整体形态变窄，以让右，且与右侧呈相背之势。首笔右点悬起；第二笔斜横要短，左伸右缩；第三笔横折斜钩的横画向下倾斜如同写"点"，接着点的收笔再写折画；末笔长撇也要竖起来。

书法园地

方字旁的笔顺为：点—横—钩—撇。在左时以斜取势，在下时勿使其肥。在"於"中写法从草。

c. 方字旁

向背得宜
构型特点

根据偏旁自身的向背特点"向不犯碍，背不脱离"才能向背得宜，使字写得气韵生动，风神飘逸。

书写要点

双耳旁的竖是部件主体，忌悬针，一般向左侧倾斜。左偏旁含蓄紧抱，耳框形小且上开下合，长度一般不超过竖的一半。

书法园地

偏旁有向背，向背出形势。偏旁笔画的向背是体现"势"的关键。相向型偏旁的字，如：好、你、付、河；相背型偏旁的字，如：肥、施、犯、驰。

d. 双耳旁

左上右下
构型特点
短小的左偏旁应该偏上；短小的右偏旁应居中或偏下，即"左上右下"。

书写要点
土字偏旁的末笔长横改为平提且尖端不超过上横的右端。上横被竖分割为左右两段，左长右短。提的收笔指向右部的第一笔起笔处。如右边部件相对比较长而大，土字旁上提附向右部，如：塔、场。

想想看看
如果土字旁右侧部件的右下角笔画较重，则土字旁要位于左下，如"地"字。知道为什么吗？

a. 土字旁

左上右下
构型特点
短小的左偏旁应该偏上；短小的右偏旁应居中或偏下，即"左上右下"。

书写要点
口字旁是构字能力最强的偏旁，在字的上下左右及外框都可作偏旁，均不可大，应团结收紧，勿使其松散。作左偏旁时位于左侧中间偏上的位置；作右字边时，位于右侧中间或偏下位置。具体写法要与其配部件相互配合。

想想看看
仔细观察范字中"口字旁"的位置和写法的变化。"唯"字的"口字旁"写成"私字边"，以增加动感。"员"字的"口字头"也有类似的写法。

b. 口字旁

a. 立刀边

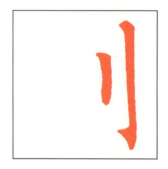 

上下伸展
构型特点

这类右字边包含竖钩和悬针竖作主笔。竖钩上下伸展，悬针竖向下伸展。

书写要点

短竖轻短微弯（行书变点或侧或挑），位置偏上，起到接左启右的双重作用。竖钩舒展粗长，或直下或内撇。长短两竖或微微相向或同向。竖钩长短粗细以及钩脚是否伸缩应根据左侧部件字形而定。

书法园地

仔细观察：带立刀边的范字左宽右窄，黄金格的右线是分界线，右侧竖钩相对左部上下伸展。

b. 双耳边

上下伸展
构型特点

这类右字边包含竖钩和悬针竖作主笔。竖钩上下伸展，悬针竖向下伸展。

书写要点

双耳边的耳框形大，上合下开，整体比双耳旁稍宽，竖笔用悬针或垂露竖，并且相对左部要下移一点。由于左右部的错落关系，形成左下与右上两处的小空白，竖的收笔处是整个字的支撑点。

想想看看

想想看，双耳旁与双耳边的写法有什么不同，为什么？

B. 右字边————B-2 左缩右伸

a. 页字边

左缩右伸
构型特点
通常包含横折、斜捺、竖弯钩、横折钩等横向笔画作主笔，左缩右伸。

书写要点
五横平行，间距大体均匀。上横左缩右伸，以让左。下横左伸，以加强与左部的联系。竖画左轻短，右重长，有时上开下合。下部撇高、点低。页字边整体比较方整，末笔是整个字的右支撑点。

想想看看
想想看，范字中三个页字边的写法有什么不同，为什么？

B. 右字边————B-2 左缩右伸

b. 反文边

左缩右伸
构型特点
通常包含横折、斜捺、竖弯钩、横折钩等横向笔画作主笔，左缩右伸。

书写要点
反文边首笔撇与次笔横有三种关系：撇管横，撇的末端在横的起笔之前，如"放"；横管撇，横的起笔托住撇的收笔，如"故"；撇横相离或相连，如"教"。两撇走向不同，第三笔起笔的位置切勿靠右。整体向左倾斜，其上部与左半字的穿插、咬合是结字的关键。

书法园地
仔细观察反文边在三个范字中的不同写法。

a. 山字头

首领会聚
构型特点

　　这类字头外形收缩，起到一个字的首领作用。下面笔画多者，字头宜矮；笔画少者，字头宜高。

书写要点

　　首笔竖画要写得短而斜，收笔处相对下横稍偏左，左右竖须收缩向里，整体扁平。

书法园地

　　"山字头"应以斜取其动势，如"岂"字，造成"上斜下正"的动静对比。对于"山字底"，应以短求其平稳，如"岔"。

b. 爪字头

首领会聚
构型特点

　　这类字头外形收缩，起到一个字的首领作用。下面笔画多者，字头宜矮；笔画少者，字头宜高。

书写要点

　　第一笔上撇要平而短；第二、第三笔都是右点；第四笔再写一个撇点，较第一个短撇还要短。注意笔画要分布均匀，三点上开下合，笔势通畅，与下面的起笔呼应。

想想看看

　　仔细观察范字中三个"爪字头"的写法有什么不同，末笔撇点的指向有什么规律？

a. 人字头

绝对覆盖
构型特点

以撇捺为主笔，外形伸展，对下面笔画总起到覆盖作用，好似人掌伞。上部宽博纵逸，下部收敛内蓄，体现上下对比变化。

书写要点

捺在撇头右下起笔，撇捺左右展开。撇轻捺重，两画收笔撇低捺高。撇捺交点偏左，但要与下面部件对正。

想想看看

仔细观察范字中"人字头"的写法变化：撇捺的长短、曲直、张开角度，与下面部件有什么关系？

b. 春字头

绝对覆盖
构型特点

以撇捺为主笔，外形伸展，对下面笔画总起到上包下的作用。上部宽博纵逸，下部收敛内蓄。

书写要点

春字头由三个短横、长撇、斜捺组成。上窄紧，下宽疏。三横较细，左低右高，紧密匀称分布，逐渐加长。撇捺向左右舒展，交点偏左但与下面部件对正，即"正者偏之"，以制造动感。

想想看看

仔细观察范字中"春字头"写法有什么变化？

a. 宝盖头

相对覆盖
构型特点

以长横、横钩为主笔的字头左右撑开覆盖下部。如下有更强的横向伸展笔画，该字头要收缩。

书写要点

宝盖头的写法是首点竖形，先重后轻，左侧点先轻后重。横钩中的横画宜轻细，压住首点下端，左短右长，起笔处与左侧点或接或离，钩脚出锋与下画呼应；特点是"下宽者宜窄，下窄者宜宽，横笔勿粗，其身宜矮"。

想想看看

仔细观察"安"字的宝盖头是否起覆盖作用?

C. 上字头——C-3 相对覆盖

b. 土字头

相对覆盖
构型特点

以长横、横钩为主笔的字头左右撑开覆盖下部。如下有更强的横向伸展笔画，该字头要收缩。

书写要点

土字头横长竖短，横细竖粗，竖画稍斜，以取横势，使字头变扁。下横的长短取决于它是否作主笔。

书法园地

观察范字中"土字头"的变化。书写上边字头应该与下边部件配合，原则是"下窄上宽，下宽上窄"，以便结构平衡。注意"吉"的字头"士"写成"土"，书法中无严格区分。

a. 小字头

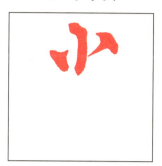

中轴不中
构型特点

把左右对称笔画写成不对称，比如小字头、草字头等，即"中轴不中"。

书写要点

短竖的起笔不居中而偏左，但与下面部件对正。点较短，撇较长，呈"上开下合"之势，"左点悬空，撇点连"，以显得"左小右大"。

书法园地

仔细观察范字中"小字头"的写法。这里的"中轴不中"与前面讲过的"正者偏之"原则类似，都是为了制造动感，达到"不动之动"的艺术效果。

b. 草字头

中轴不中
构型特点

把左右对称笔画写成不对称，比如小字头、草字头等，即"中轴不中"。

书写要点

草字头由两组交叉的横竖组成，一般左小右大，左轻右重，左右靠拢。笔顺是：短竖、短横、短横、竖撇。两小横左为右尖横，右为左尖横。两竖上开下合，左低右高，均为下尖竖，与左右短横对应。两小横或两尖朝上以冒下，或左低右高顺势以应下。

想想看看

仔细观察范字中草字头与下部的关系及变化。

125

纵向支撑
构型特点

这类字底主要靠纵向笔画起到支撑作用。字底要写得端正，左右两笔不能靠得太近才有支撑力。

书写要点

八字底写成撇点和反捺，两笔不可过长过大，要短小精悍。"上合下开"，牵丝呼应，两点不要齐平，要高低错落，以产生动感。

书法园地

"八字底"又称"其脚点"，与"曾头点"的共同点是"左低右高"，不同点是：曾头点"上开下合"，宜纵，以利会聚；其脚点"上合下开"，宜横，以利支撑。

a. 八字底

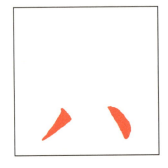
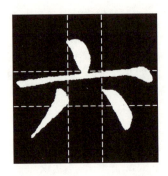

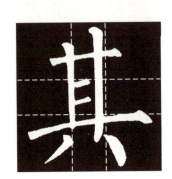

纵向支撑
构型特点

这类字底主要靠纵向笔画起到支撑作用，但不一定都包含主笔。字底要写得端正才有支撑力。

书写要点

日字底，端正居中，稳撑上部，团结紧抱，其身勿阔。根据上面的部件，其形状略有变化。日字头也是如此，下部件笔画多时宜小，笔画少时宜大。如：是、旦。

想想看看

仔细观察范字中日字底的书写有哪些变化？

b. 日字底

a. 心字底

横向承载
构型特点

　　这类字底带长横、撇捺、卧钩、竖弯钩、横四点等横向伸展笔画，对上起承载作用。

书写要点

　　心字底其身勿高，其形勿正。三点呼应，大小有别，形态各异，一气呵成。卧钩取平势，起笔处与左点或平或低或高，右点宜出以冒钩。

想想看看

　　"心字底"属于相对承载型字底，即不总是作主笔。仔细观察范字中"心字底"的变化。"念"字的主笔在"心字底"吗？

b. 儿字底

横向承载
构型特点

　　这类字底带长横、撇捺、卧钩、竖弯钩、横四点等横向伸展笔画，对上起承载作用。

书写要点

　　"儿字底"的左撇要与右竖弯钩相照应，左右呼应，即"撇硬竖短横腕长"。它属于绝对承载型字底，因为它总是作主笔在下对上起承载作用。

想想看看

　　仔细观察范字中"儿字底"书写有哪些变化？上部对主笔如何避让？

E. 外字框———E1 先高后低

a. 高心框

先高后低
构型特点

左下包结构的字心与字框之间的高低关系决定书写顺序，原则是"先高后低"。

书写要点

当字心偏高时，应先写字心，后写字框。带"高心框"的字如"延""建""这""道""过"等字，笔顺遵循"先上后下"原则；左下包字框的下部不宜窄，窄则不成形，字的外形大体应呈梯形。

书法园地

仔细观察和体会范字中字框与字心之间的位置关系和书写顺序之间的联系。

E. 外字框———E1 先高后低

b. 低心框

先高后低
构型特点

左下包结构的字心与字框之间的高低关系决定书写顺序，原则是"先高后低"。

书写要点

当字心低字框高时，应先写字框，后写字心。带"低心框"的字如"起""越""超""题"等字，笔顺遵循"先左后右"原则。左下包字框的下部不宜窄，窄则不成形，字的外形大体应呈梯形。注意"走字旁"行书楷化的写法以及"起"字的篆书笔意。

想想看看

高心框和低心框书写的笔画顺序不同，但其背后都遵循"先高后低"原则，你能明白这个道理吗？

E. 外字框——E2 不围之围

a. 走之框

相依相靠
构型特点

点笔高扬，行笔方向往往多变。弯笔横折折撇勿大。平捺波折适度，出锋切勿过远。点笔与弯笔的距离应与字心相协调。

书写要点

要点在于点与横折折撇的笔画形态及两者的关系，也在于字框与字心的关系。捺画的敛放与角度决定了整字的姿态与取势。字心笔画少者，点与捺俱平；笔画多者，点与捺俱侧。

想想看看

仔细观察范字走之框的写法有什么变化？

E. 外字框——E2 不围之围

b. 广字框

相依相靠
构型特点

字心笔画少时，左撇勿敞；字心笔画多时，为防止字形过大，一方面弱化字框，首点粘横，另一方面字心向外探出，既"突围"，又相依相靠，以利于平衡。

书写要点

广字框的点是整字的头，要与下边对应竖画对正。第二笔横画抗肩，其他横向笔画的斜度以此为参照。末笔撇画向左下外扬以包容较大的字心，呈上窄下宽的整字形态，字心的右下点与左撇呼应。

想想看看

仔细观察范字，体会这类字框的共同特点：既"包围"又"突围"的辩证关系。

E. 外字框——E3 内外相称

a. 同字框

内外相称
构型特点

上三包这类字框与字心内外相称。字心大小、位置与字框配合协调。左右竖画或内撇或外拓要内外呼应，左右相称。

书写要点

同字框的字心与外框有两种情况：字心短而略偏上，字心与外框齐；左右两竖有三种变化：内撇、外拓和中直，一般呈直下式，少数上合下开。

想想看看

仔细观察范字中同字框的构型特点及其与字心的关系。除了"内外相称"，还有"向势相称"，你还记得吗？另见 65、67 页。

E. 外字框——E3 内外相称

b. 长方框

内外相称
构型特点

全包围这类字框对字心不仅要围而不堵，而且要内外相称，外形体势或取纵势（如"因"字）或呈横势（如"田"字），因字而异。

书写要点

全包围字框收小一廓，口不可封严，以透气。末横上移，以便中宫收紧。外框的高低、斜直、宽窄与字心的简复、体势相称。

想想看看

仔细观察两类外框各有什么特点？三个范字外框的写法有什么不同？

参考文献

［1］启功主编，高等学校书法教材，书法概论，北京师范大学出版社，1986 年 11 月

［2］秦永龙主编，书法指要，中国工人出版社，1994 年 4 月

［3］启功，启功论书绝句百首，北京，荣宝斋出版社，1995 年 6 月

［4］（美）阿恩海姆著、朱疆源译，艺术与视知觉，四川人民出版社出版，1998 年 3 月

［5］郭农声、王问靖，双宫重心格——一种准确反映书法结构规律的新型习字格，孝感学院学报（社会科学版），第 20 卷第 2 期，2000 年 5 月

［6］周孝国，楷法引玉，上海教育出版社，2003 年 8 月

［7］陈振濂，书法美学，山东人民出版社，2006 年 3 月

［8］房弘毅编写，清人偏旁部首一百七十法，北京：中国书店出版社，2006 年 7 月

［9］姜芃，文明的起源与轴心期问题，山东社会科学，总第 131 期，2006 年第 7 期

［10］郭轶男，黄金分割研究，辽宁师范大学硕士研究生论文，2008 年 5 月

［11］欧阳中石，教育部师范教育司组织专家审定高等院校小学教育专业教材，书写与书法教程，北京：高等教育出版社，2011 年 12 月

［12］李钦善，唐代《郭虚己墓志》及颜真卿志书浅说，青少年书法，2012 年 2 月

［13］高光天，字谱（《兰亭序》行书重心技法规律），专利号：ZL201230043981.X，2012 年 3 月

［14］周理达，基于传统书法的汉字设计规律研究，江南大学硕士学位论文，2012 年 3 月

［15］欧阳启明，中小学书法教育谈，中国书法，2012 年第 5 期

［16］高光天，书法教学图（启功结字黄金律），专利号：ZL201230238242.6，2012 年 6 月

［17］高光天，启功结字黄金律科学解析，第四届启功书法学国际研讨会论文集，北

京，2012 年 7 月

［18］国家教育部《中小学书法教育指导纲要》研制组编写，中小学书法教育指导纲要解读，北京师范大学出版社，2013 年 4 月

［19］邓宝剑，字形的外部轮廓与内部关系，书画世界，总第 158 期，2013 年 7 月

［20］上海书画出版社、华东师范大学古籍整理研究室选编校点，历代书法论文选，上海书画出版社，2014 年 6 月

［21］邓宝剑编著，经典碑帖临摹教程，柳公权玄秘塔碑，湖北美术出版社，2014 年 9 月

［22］秦永龙主编，义务教育三至六年级书法练习指导，北京师范大学出版社，2014 年 12 月

［23］高光天，基于黄金格的汉字结构四模型，专利号：ZL201530126791.7，2015 年 3 月

［24］高光天，古今习字格发展路线图，书法报，2016 年 7 月第 27 期（总 427 期）、28 期（总 428 期）、29 期（429 期）

［25］高光天，启功结字黄金律再解析，书法报，2017 年 1 月第 1 期（总 451 期）

［26］高光天，楷书之美——科学视角下的结构原理，北京师范大学出版社，2017 年 12 月

［27］高光天，楷书黄金律欧体练习指导，文物出版社，2018 年 10 月

［28］刘兆彬，古代楷书结字思想研究，书法，2015 年，第 1 期

后　记

　　本书是基于启功先生"结字黄金律"研究成果，继《楷书黄金律颜体练习指导》《楷书黄金律欧体练习指导》两本书之后，"黄金律习字法"系列著作的继续。

　　本书依据2013年国家教育部颁发的《中小学书法教育指导纲要》撰写，秉承科学与艺术相互融合的理念，以科学解析《启功结字黄金律》为主线，分习字格、笔画、主笔、间架和偏旁五个章节全面地介绍楷书习字方法。本书抓住每个教学环节的关键和内在规律，简化教学内容，注重少而精和启发式教学。介绍书写方法的同时，讲解其中的道理，帮助学生解疑释惑，培养学习兴趣。本书创新点颇多，但又力求通俗易懂，简单实用，科学性和趣味性融为一体，让小孩子和初学者轻松快乐地学习书法，让启功先生结字黄金律走进中小学书法课堂。

　　本书柳体范字主要选自柳公权书《玄秘塔碑》《神策军碑》《唐平西郡王李晨碑》和《大唐回元观种楼铭》等，以便与《楷书黄金律颜体练习指导》《楷书黄金律欧体练习指导》三本书一起构成欧、颜、柳三体同字、优化的范字体系，展示唐楷笔法和字法的共同规律。

　　本书冠名"黄金律"的主要原因在于笔者是在六年前纪念启功先生100周年诞辰完成的《启功结字黄金律科学解析》[17]一文基础上开始起步的。启功先生发现的结字黄金律是自从隋唐以来对汉字结构规律最深刻、最精辟的概括和总结，无论是对文字学汉字结构规律的认识，还是对书法艺术结字规律的运用都具有非常重要的指导意义。要想从科学的角度解析和证明中国书法领域如此重大的发现，对于自幼喜欢书法、退休的科学工作者我来说自然要对古往今来的习字格和历代结字方法进行系统的学习和研究。除了笔者对启功先生及其"启功结字黄金律"的崇敬，第二点理由是笔者对"文理交融"理念的偏爱。众所周知，黄金分割是世界上最优美的比例之一，蕴藏着丰富的美学价值和广泛的应用价值，启功先生用黄金律来揭示汉字结体中的比例和谐之美，堪称数学之美与艺术之美相互融合的典范，用"黄金律"一词来形容研究楷书习字规律的重要性、科学性和文理交融性。

　　启功结字黄金律蕴含着深刻的科学道理和文化内涵，笔者主要做了三件科学解析工作：在《启功结字黄金律科学解析》[17]一文中应用开发的计算重心软件首次证明了启功先生发现的楷书字体重心统计分布规律——汉字的重心分布于黄金格 A、B、C、D 四个点所围成的中心区，从而使人们对汉字重心认识突破了千年来的传统，从凭借经验和直觉的感性认识阶段，提升到定量计算的科学分析阶段。文章还运用启功先生发明的黄金格并通过 GB2312 楷体 1000 常用字科学解析、证明了启功先生提出的"上紧下松、左紧右松、内紧外松"结字原则（以下简称"三紧三松"原则）。

在《启功结字黄金律再解析》[25]一文中运用世界流行的阿恩海姆视知觉艺术理论科学解释了启功先生提出的"三紧三松"原则背后的道理，这对于帮助学生解疑释惑，培养学习兴趣具有重要意义。另外黄金分割最早出现在欧几里得《几何原本》[10]，正逢德国雅思贝尔斯提出的"文化轴心期"（公元前 200 至 800 年之间）[9]，所以从启功先生的结字黄金律可以折射出中国书法蕴含的世界文明元素。从这个意义上运用西方艺术理论解释中国东方书法艺术内涵，进一步证明了中国书法艺术的博大精深。

在《古今习字格发展路线图》[24]一文中通过系统研究古今习字格的历史流变，提出了习字格的五项功能，不仅科学证明了启功先生发明的"黄金格"是迄今为止最科学好用的习字格，而且找到了习字格的文化源头。自唐、宋、元、明、清以来，历代书家从不同角度一直倡导的"八面拱心"原则的共同特点都是参照"九宫格"而言的，即"九宫格"是"八面拱心"的"参照系"。因此，启功先生发明的结字黄金律及其黄金格的重大意义不仅科学地描述了汉字的重心分布规律，而且还在于完成了从"九宫格参照系"升级换代到"黄金格参照系"历史性转变，这在中国书法史上具有里程碑意义。上述工作对促进启功结字黄金律的推广应用奠定了理论基础。

本书参考了国家教育部审定通过的多家出版社出版的书法练习指导，一方面"择其善者而从之"，吸取其精华。另一方面"其不善者而改之"，针对具有普遍性的问题做了深入研究，正是本书的创新点。本书是笔者退休后花了十多年的时间潜心研究书法理论，在系统研究历代楷书结字法和古今习字格发展路线图并且获得七项国家书法专利技术背景下完成的，更重要的是承蒙许多师长、专家、学者和朋友，为弘扬中国书法无私奉献的仁人志士的帮助下完成的。

从学术研究角度来说，在整个研究和书稿形成过程中，得到北京师范大学艺术传媒学院书法系前主任秦永龙先生的鼓励和指导。记得我在《启功结字黄金律科学解析》一文发表之前曾登门拜访秦先生，聆听当面赐教。我在电话中请教秦先生关于"八面拱心"的问题，秦先生当即指出参考李淳的论述，至今让后学记忆犹新。在完成书稿的过程中得到书法系主任博士生导师邓宝剑教授经常性的帮助和学术指导，书稿中多处引用他的学术观点，受益匪浅。邓教授为本书初稿提出许多宝贵意见，并为本书作序；在书稿撰写过程中还得到南昌大学中文系教授、书法家文师华博士的鼓励和支持并为本书作序；笔者的恩师，世界著名物理学家、中国科学院院士邹广田先生为本书作序，向读者介绍笔者的学术经历，从科学的角度说明笔者的研究方法和研究结论的正确性。

从社会推广角度来说，在撰写本书的初期实验教材——《黄金律习字法课堂书写指导》，曾经得到吉林省书法家协会理事、长春市朝阳区教师进修学院书法研究会会长王志君老师的大力支持，于2015年下半年安排一线书法教师对小学一年级学生做过教学实验，收到良好的结果。2016年，中国书法家协会苏士澍主席先后两次到吉林省做中小学书法课社会调研，期间听取了这个教学实验的有关汇报，并且给予充分肯定。特别是《楷书黄金律颜体练习指导》初稿完成后，笔者于2016年7月面见苏主席，汇报之后得到苏主席的肯定和支持，并推荐到文物出版社出版。在与苏主席交谈过程中他还亲切告诫："书法艺术中有些问题是需要用科学来解释，但要恰到好处，要讲到'0.618'就行了。"简短的一句话不但深刻指出了科学与艺术的关系，也体现出苏主席对推广启功结字黄金律的关心和支持，在出版之前苏主席还为书名题签；本书的出版还得到启功研究会章景怀先生、李强老师和卫兵老师的关心和支持，特别得到文物出版社张玮主任和陈博洋老师的大力帮助。

从制作技术角度来说，图像处理专家李冬梅博士帮助解决了全部书稿中的两大关键技术，一是汉字重心计算软件编程，巧妙地解决了汉字像素坐标定位问题；二是运用PS解决了科学修图、抠字等技术问题，将黄金格图片插入碑帖文件获得高保真范字效果。庞树林工程师帮助解决了全部书稿各种规格的习字格的制作及排版中遇到的各种技术难题，他把Microsoft Office Word和Excel功能运用到极致，为全部书稿排版制作带来了极大方便，提供了可靠的技术保障。北京师范大学书法系硕士研究生周正同学为建立欧、颜、柳三体同字、优化范字体系做了大量工作，为唐楷技法研究和书法教学提供了重要的数据库。

另外，近几年来笔者在北京师范大学书法系、武汉大学艺术中心、洛阳张海书法艺术馆、长春市图书馆国学大讲堂、河北省博物馆等地做过多次关于"书法艺术科学解析"专题讲座，曾经被《长春日报》《长春晚报》记者采访，以整版的篇幅或头版头条的形式做过多次报道，受到专家、学者和广大书法爱好者的好评。总之，本书是在全国推广启功结字黄金律第一本系列书法教材，经过多年的努力，从学术交流、教学实验到市场推广都有一定的社会基础。值此书出版之际，向对本书提供帮助、支持、关心和鼓励的各位师长、专家、学者和朋友一并表示由衷的感谢。

笔者作为一名退休的科学工作者和书法理论研究学者，试图从"文理交融"的角度跨学科研究书法艺术问题，深知书法是一门艺术，但也蕴含着科学，不但要知道如何写，还要掌握规律，知道为什么这样写。目的是运用科学的方法解析书法艺术中背后的科学道理并梳理出艺术规律，让初学者和小孩子"知其然知其所以然"。希望本书的出版对促进中小学书法教育，传承中国书法和文化有所裨益。拙著作为"抛砖引玉"之作，如果能够引起书界有识之士的更大关注，能涌现出更多的"艺术与科学相互融合"的书法理论研究成果和书法教材，则是笔者暮年倍感欣慰的快事。由于笔者水平和学识有限，不妥之处在所难免，因此恳切地希望中国书法、文化艺术、科学界的专家学者和广大书法爱好者提出宝贵意见。

作者

2018年10月于北京

楷书练习指导技法索引